Greet Buchner

Kochen für mich

Vegetarische

Gerichte für den

Einpersonen-Haushalt

pala-verlag

Die Originalausgabe erschien 1983 bei
De Driehoek BV, Amsterdam
unter dem Titel
Vegetarisch voor een aleen

ISBN: 3-923176-95-3

Deutsche Übersetzung: Hildegard Höhr
Umschlagentwurf: Atelier Heine, Mühltal
Umschlagfoto: Erika Heine
Illustrationen: Anke van Vulpen-Nobel
Lektorat: Ute Galter / Wolfgang Hertling
Druck: Fuldaer Verlagsanstalt

Dieses Buch (Innenteil und Umschlag) ist auf
Recyclingpapier aus 100 % Altpapieranteilen gedruckt.

Inhaltsverzeichnis

Kochen für mich?

Immer mehr Menschen leben allein, die Zahl der Einpersonenhaushalte wächst ständig. Und - egal ob es sich um überzeugte „Singles“ handelt oder ob sie aus anderen Gründen alleine leben - viele von ihnen essen auch allein.

Essen als Genuß wird in unserer Kultur meist auch mit Geselligkeit in Verbindung gebracht; alleine zu essen wird anscheinend weniger akzeptiert. Lebensmittel werden überwiegend in Großpackungen angeboten, und Kochbücher beinhalten meist Vierpersonen-Menüs.

Wer für sich alleine kochen will, steht daher häufig zunächst vor einigen Problemen. Da es vielen zu zeit- und arbeitsaufwendig erscheint, für sich selbst zu kochen, wird oft zu schnell resigniert und der Speiseplan den Herstellern von Fertiggerichten und Tütensuppen überlassen. Doch für die, die sich gesund und vegetarisch ernähren wollen, ist das keine Alternative. Bei ihnen ist zwar die Bereitschaft zum Kochen da, doch es fehlt ihnen an Ideen und Rezepten.

Dabei ist es gar nicht so schwierig, für sich allein zu kochen. Man muß nur wissen, daß man beim Kochen für eine Person nicht einfach die Mengenangaben der normalen Kochbücher durch vier teilen und sonst wie angegeben verfahren darf. Wer so vorgeht, hat schnell Mißerfolgserlebnisse und läßt das Kochen wieder sein.

Dieses Buch soll zeigen, daß bei richtiger Planung auch unter solchen Bedingungen das Kochen für eine Person möglich ist und daß sich vegetarische Gerichte, die gut schmecken, mit relativ einfachen Mitteln zubereiten lassen.

Das fängt damit an, daß man mit den richtigen Geräten arbeitet. Gerade wenn wenig Platz vorhanden ist, ist es wichtig, daß er auch sinnvoll genutzt wird und nicht die falschen Geräte am falschen Platz stehen.

Zu den weiteren wesentlichen Voraussetzungen gehören ein sinnvoller Einkauf und eine vernünftige Vorratshaltung. Nur wenn auch die richtigen Zutaten vorhanden sind, ist „Kochen für mich" möglich.

Doch im Mittelpunkt dieses Buchs stehen die Rezepte, die Anregungen und Ideen für das Kochen bieten. Sie sollen zeigen, daß auch und gerade im Einpersonenhaushalt die Zubereitung köstlicher vegetarischer Gerichte möglich ist. Dabei sind der Phantasie keine Grenzen gesetzt, Variationen der Rezepte sind immer möglich.

Und damit ist ein letztes Anliegen dieses Buchs angesprochen: Das Essen soll mehr sein als die reine Nahrungsaufnahme, es soll auch schmecken und Spaß machen. Denn sowohl „Kochen für mich" als auch „Essen für mich" kann ein Genuß sein, man muß ihn sich nur gönnen.

Die minimale Küchenausrüstung

Das Kochen auf einer Flamme ist nicht ganz einfach, aber doch möglich. Zwar ist es leichter, wenn zwei Flammen oder Kochplatten zur Verfügung stehen, aber es geht auch mit einer einzigen. Dazu braucht man allerdings ein Stövchen. Darauf kann dann z.B. das gekochte Gemüse warmgehalten werden, während die Kartoffeln kochen, oder umgekehrt. Ein Kochtopf mit Deckel ist für das Kochen von Reis, Hülsenfrüchten, Kartoffeln usw. unerläßlich.

Wichtig sind auch zwei Töpfe mit Stiel. Sie sind einfacher aufzubewahren als solche ohne Stiel. Sie können an einem Haken an der Schranktür hängen. Es gibt auch teurere Stieltöpfe mit Deckel, die noch besser sind. Sie eignen sich zum Kochen von Milch, Brei, Soße u.ä.. Bevor man Töpfe kauft, sollte man sich fragen, ob man sie auch auf den Eßtisch stellen möchte. Dann sollten sie auch gut aussehen und dürfen auch etwas teurer sein.

Aluminiumtöpfe sind nicht empfehlenswert. Sie haben inzwischen einen schlechten Ruf, weil sich Spuren von Aluminium im Essen auflösen, vor allem bei sauren Speisen. Diese Aluminiumspuren sind auf Dauer gesundheitsschädlich.

Eine oder zwei Bratpfannen sind für die Zubereitung von gebratenen Gerichten wie Pfannkuchen, Bratkartoffeln oder Spiegeleiern unentbehrlich. Praktisch ist es, die eine Pfanne für Gerichte mit dezentem Geschmack wie Eier und Pfannkuchen zu benutzen, die andere für Gerichte mit starkem Geschmack wie gebratene Zwiebeln und gewürzte Speisen.

Ein Wasserkessel gehört ebenfalls zur Küchenausrüstung. Es kann auch ein Elektrokessel sein, in dem man dann außerdem noch Eier kochen kann.

Nützlich ist ein Abtropfsieb, und zwar keines aus Kunststoff, weil dieses schmilzt, wenn es auf einen Topf mit kochendem Wasser gesetzt wird, z.B. wenn gekochte Nudeln gleichzeitig abtropfen und warmgehalten werden sollen.

Ein feineres Sieb, ebenfalls aus Metall, ist unentbehrlich, auch wenn es nur zum Abtropfen dienen soll. Und manchmal muß auch etwas durchgesiebt werden.

Ein Schöpflöffel, am besten aus Stahl, dient dazu, die Suppe auf den Teller zu schöpfen oder den Pfannkuchenteig in die Pfanne zu gießen.

Ein Pfannkuchenwender ist sehr praktisch, z.B. auch beim Braten von Kartoffeln, beim Aufbraten von Reis und bei der Zubereitung von Omelettes.

Ein Schneebesen, passend zur Größe des Stieltopfes, ist zweckmäßig, aber noch viel besser und praktischer ist ein elektrischer Handmixer, weil damit zusätzliche Arbeit gespart wird. Man kann damit nicht nur Eier und Eiweiß schlagen, sondern auch Kartoffelpüree und gebundene Suppen aus Hülsenfrüchten und vieles andere zubereiten.

Sinnvoll sind zwei Holzbretter, das eine für das Feinhacken von Zwiebeln, für das Schneiden von Paprika und anderem intensiv schmeckenden Gemüse, das andere zum Schneiden von Brot, Käse, Eiern usw.. Am besten kauft man unterschiedliche, um eine Verwechslung zu vermeiden. Platzsparend ist es, wenn sie aufgehängt werden können.

Beim Thema Messer sollte man an ein praktisches Kartoffelschälmesser denken sowie an ein Brotmesser (das auch anstelle eines Pfannkuchenwenders benutzt werden kann) und an ein größeres scharfes Messer zum Hacken und Schneiden.

Ein oder zwei nicht zu große Holzlöffel sind sehr angenehm im Gebrauch, auch wenn man statt dessen einen Metalllöffel verwenden kann. Mit Holz rührt es sich aber besser und leichter.

Für alle Fälle sollte ein Büchsenöffner vorhanden sein. Zwar kommen in diesem Buch keine Rezepte vor, in denen Konserven verwendet werden, aber zuweilen ist der Geist willig und das Fleisch schwach, und dann kommt doch einmal eine Konserve auf den Tisch, die natürlich zunächst geöffnet werden muß.

Eine Gemüsereibe, am besten aus rostfreiem Stahl, hält nahezu ewig. Vorzugsweise wählt man eine, die grob und fein reibt und auch noch die Möglichkeit zum Schaben besitzt. Diese Reiben sind nicht teuer und können an einem Nagel aufgehängt werden.

Eine Knoblauchpresse ist für alle, die Knoblauch lieben, empfehlenswert. Alle andern können sich diese Anschaffung sparen.

Notwendig ist ein Korkenzieher für Flaschen, die mit einem Korken verschlossen sind.

Ein Meßbecher ist nicht dringend notwendig, aber praktisch. Woher weiß man sonst, wieviel 100 ml Milch oder Wasser sind?

Eine Handmühle ist zwar auch keine Notwendigkeit, aber für den Einpersonenhaushalt sehr zu empfehlen. Man kann damit die jeweils benötigte Menge Mehl frisch mahlen. Legt man sich einen kleinen Vorrat an Weizen, Roggen und eventuell auch Gerste an, hat man immer frisches Vollkornmehl zur Hand.

Ein Kühlschrank ist natürlich herrlich, denn vor allem in Zimmern mit Zentralheizung ist es oft sehr schwierig, Lebensmittel aufzubewahren, besonders wenn kein Balkon vorhanden ist. Dann ist die Anschaffung eines Kühlschranks ratsam, insbesondere weil es bei vielen Rezepten, z.B. Reis und Hülsenfrüchten, ratsam ist, Mengen für drei Tage zu kochen. Dann aber muß eine kühle Aufbewahrungsmöglichkeit vorhanden sein.

Kühlschrankdosen oder saubere Marmeladengläser sind zum Aufbewahren unerläßlich. Dosen sind schön und praktisch. Für den Anfang allerdings und um kleine Mengen Nahrungsmittel aufzubewahren, reichen auch sorgfältig gesäuberte Gläser. Marmeladengläser daher nicht wegwerfen! Sie sind „Gold“ wert.

Vorratshaltung

Es muß immer ein kleiner Vorrat da sein, damit man nicht jeden Tag neu einkaufen muß.

Zuerst einmal die wichtigsten Lebensmittel: Sie können in leeren Marmeladengläsern oder in Einmachgläsern aufbewahrt werden. Dadurch bleiben sie länger genießbar; außerdem ist Glas einfacher sauber zu halten als Plastik.

Folgende Lebensmittel sollten möglichst immer vorrätig sein:

- ❍ Honig
- ❍ Salz
- ❍ Nudeln
- ❍ Hülsenfrüchte nach Wunsch
- ❍ Mehl nach Wahl (wer eine Handmühle hat: Getreide)
- ❍ Grießmehl
- ❍ Kartoffelmehl zum Binden
- ❍ Korinthen und Rosinen (können ohne weiteres zusammen in einem Glas aufbewahrt werden)
- ❍ Nüsse, gemischt oder nach Wahl
- ❍ Öl, am besten Sonnenblumenöl
- ❍ Essig, vorzugsweise Naturessig
- ❍ Eier
- ❍ Margarine
- ❍ Butter (Diese sollte in einem rechteckigen Behälter unter Wasser aufbewahrt werden. Dann zieht sie keinen Geruch an, wenn sie längere Zeit liegen bleibt; das Wasser muß jeden Tag erneuert werden. Auf diese Weise kann man die Butter auch außerhalb des Kühlschranks aufheben.)

- ❍ Knäckebrot (für den Fall, daß das frische Brot ausgeht)
- ❍ Zwieback (kann notfalls auch zu Paniermehl feingerieben werden)
- ❍ Reis, langkörnig und rundkörnig (für alle, die Reisbrei mögen)

unter Umständen auch:
- ❍ Kaffee
- ❍ Tee, Sorten nach Wunsch
- ❍ Kakaopulver

Gewürze:
- ❍ Pfeffer
- ❍ Sojasoße
- ❍ Ingwerwurzel
- ❍ Muskatnuß
- ❍ Curry
- ❍ Muskatblüte
- ❍ Lorbeerblatt
- ❍ Bohnenkraut
- ❍ Zimt
- ❍ Oregano
- ❍ Nelken

Nach Wunsch kommen noch Knoblauch und natürlich spezielle Kräuter wie Dillspitzen, Basilikum und viele andere dazu.

Beim Einkauf der Lebensmittel sollte man auf Qualität und gesunde Lebensmittel achten. Bei Getreide und Getreideprodukten ist es immer empfehlenswert, Produkte aus dem ganzen Korn zu verwenden. Das ist gesünder, und wenn man sich erst einmal umgestellt hat, auch viel schmackhafter als Produkte aus Auszugsmehlen.

Wenn man kein Fleisch ißt, sollte es auch selbstverständlich sein, daß man die tierquälerischen Methoden der Intensivgeflügelhaltung nicht unterstützt. Daher sollten Eier möglichst aus Freilandhaltung stammen.

Zum Süßen sollte man möglichst Honig verwenden. Zucker ist ebenfalls ein Auszugsprodukt, das schädlich für die Zähne und die restliche Gesundheit ist. Honig süßt ebensogut wie Zukker und hat auch einen angenehmen Eigengeschmack, der vielen Speisen ein angenehmes Aroma verleiht.

Bei Gemüse kauft man möglichst frische Ware; Konserven sollten nur eine Reserve für Notfälle darstellen. Frische Ware ist vitamin- und nährstoffreicher und schmeckt besser. Wer die Möglichkeit hat, Ware aus biologischem Anbau zu kaufen, sollte das ausnutzen. Dieses Gemüse ist gesünder und meist auch schmackhafter. Am besten sind natürlich Produkte aus dem eigenen Garten, aber einen solchen besitzen leider nicht alle Menschen.

Alle Lebensmittel sind nur begrenzt haltbar. Besonders Frischprodukte wie Milch, Eier, Gemüse und Obst können meist nur für kurze Zeit aufbewahrt werden. Diese Lebensmittel sollten möglichst kühl und dunkel aufbewahrt werden, um sie vor einem zu schnellen Verderben zu schützen. Die folgende Tabelle zeigt die ungefähren Haltbarkeitszeiten verschiedener Gemüse- und Obstarten, die helfen können, den Einkauf und den Speisezettel zu planen.

Haltbarkeit von Gemüse und Obst

Produkt	im Kühlschrank	an einem kühlen Ort
Auberginen		1-2 Tage
Blumenkohl	1 Woche	1-2 Tage
Bohnen		2-3 Tage
Bohnen, dicke	1 Woche	2-3 Tage
Champignons	2-3 Tage	1 Tag
Chicorée	1 Woche	1 Tag
Endivien	2-3 Tage	1 Tag
Erbsen, Schäl-	3-4 Tage	1-2 Tage
Erbsen, Zucker-	4-6 Tage	2-3 Tage
Gurken		1 Woche
Kartoffeln		2-3 Monate
Kohlrabi		1-2 Wochen
Lauch		2-4 Tage
Möhren, Frühlings-	4-5 Tage	2 Tage
Möhren, Winter-	4-8 Wochen	2-4 Wochen
Paprika		3-5 Tage
Petersilie	1 Woche	1 Tag
Portulak	4-6 Tage	2-3 Tage
Radieschen	3-5 Tage	1-2 Tage
Rhabarber	1 Woche	2-3 Tage
Rosenkohl	4-6 Tage	1-2 Tage
Rote Bete, mit Blatt	2-3 Tage	1 Tag
Rote Bete, ohne Blatt		ein paar Wochen
Rotkohl		1-2 Wochen
Rübstiele	2-3 Tage	1 Tag

Produkt	im Kühlschrank	an einem kühlen Ort
Salat	2-3 Tage	1 Tag
Sellerie	1 Woche	1 Tag
Sellerie, Bleich-	2-3 Tage	1 Tag
Sellerie, Knollen-	1 Woche	2-3 Tage
Spinat	2-3 Tage	1 Tag
Tomaten		1 Woche
Weißkohl		1-2 Wochen
Zwiebeln		2-4 Wochen
Äpfel		ein paar Wochen
Apfelsinen		7-10 Tage
Bananen		3-6 Tage
Beeren	2-3 Tage	1 Tag
Birnen		ein paar Wochen
Brombeeren	1-2 Tage	1 Tag
Erdbeeren	1-2 Tage	1 Tag
Himbeeren	1 Tag	1 Tag
Kirschen	2-3 Tage	1 Tag
Mandarinen		2-3 Tage
Melonen		1-2 Tage
Pfirsiche	2-7 Tage	1-3 Tage
Pflaumen	2-10 Tage	1-5 Tage
Trauben	1 Woche	2-3 Tage
Zitronen		1-2 Wochen

Das Aufbewahren von Milchprodukten

Butter und Margarine sollten am besten im Kühlschrank aufbewahrt werden, sind aber auch dort nicht länger als ein paar Wochen haltbar.

Käse wird mit Wachspapier (oder Butterbrot- oder Pergamentpapier) umwickelt, um ein Austrocknen zu verhindern, und ebenfalls im Kühlschrank aufbewahrt. In der engumschließenden Plastikverpackung, in der Käse häufig verkauft wird, kann er an der richtigen Stelle im Kühlschrank ebenfalls ein paar Tage lang aufbewahrt werden. Das gleiche gilt für die Verpackung von Schmelzkäse oder von französischen Käsesorten. Alle Käsesorten sollten vor dem Verzehr wieder auf Zimmertemperatur gebracht werden.

Milch muß immer dunkel und kühl im Kühlschrank aufbewahrt werden. Das gleiche gilt für Joghurt und Buttermilch. Zwar verderben diese Produkte bei höheren Temperaturen nicht so schnell, aber der Geschmack wird saurer oder sogar bitter, wenn sie zu lange bei zu hohen Temperaturen lagern.

Quark und saure Sahne bewahrt man am besten im Kühlschrank auf, ebenso wie Schlagsahne.

Eier halten sich bei Zimmertemperatur durchschnittlich zwei Wochen, im Kühlschrank ungefähr 5 Wochen, was allerdings davon abhängt, wie frisch sie beim Einkauf waren. Da Eier sehr schnell Geschmack annehmen, ist es empfehlenswert, sie in den Eierkartons, in denen sie verkauft werden, aufzubewahren.

Zusammenstellung der Mahlzeiten

Die tägliche warme Mahlzeit, die auch die Hauptmahlzeit darstellt, ist eine der wichtigsten Quellen von Mineralien, Vitaminen und Eiweiß. Darum sollte diese Mahlzeit immer mit großer Sorgfalt und so abwechslungsreich wie möglich zusammengestellt werden. Im allgemeinen sorgen Suppen, Gemüse, Salate, Kartoffeln und Obst für die notwendigen Mineralien und Vitamine, während Hülsenfrüchte, Käse und Eier, Milch und Milchprodukte, Sojabohnen und Sojaprodukte, Nüsse, Erdnüsse und in geringerem Maße auch Getreide uns mit der notwendigen Menge an Eiweiß versorgen.

Weil die meisten pflanzlichen Eiweiße nur dann vollständig verwertet werden können, wenn man sie in richtiger Weise miteinander verbindet, ist es empfehlenswert, Hülsenfrüchte immer mit Getreideprodukten oder mit Gerichten, in denen Sesam enthalten ist, zu kombinieren. Ein bekanntes Beispiel dafür ist die Suppe aus Hülsenfrüchten, zu der Grießmehlpudding oder Pfannkuchen als Nachspeise serviert werden. Aber auch Brot zur Hülsenfruchtsuppe oder gekochter Vollkornweizen zu einem Gericht mit Hülsenfrüchten sind sehr sinnvoll.

Kartoffeln enthalten auch etwas Eiweiß, dessen Wert besser genutzt wird, wenn wir die Kartoffeln mit einem Milch- oder Käseprodukt kombinieren.

Der Eiweißwert von Reis steigt durch Kombination mit dem Sojaprodukt Tofu, aber auch Sojabohnen allein sind sehr wertvoll, da das Soja-Eiweiß äußerst vollwertig ist.

Da eine optimale Nährstoffaufnahme nur stattfindet, wenn die Gerichte auch gut schmecken, sind vom Ernährungsstandpunkt aus gesehen schmackhafte Kombinationen wichtig.

In der vegetarischen Küche sind die verschiedenen Soßen als die wichtigsten Geschmacksgeber anzusehen. Alle milden Soßen, d.h. Soßen auf der Basis von Mayonnaise sowie Käse- und Quarksoßen, lassen sich sehr gut mit Kartoffel- und Eiergerichten und mit mild schmeckendem Gemüse kombinieren.

Käsegerichte kommen am besten in Verbindung mit solchen Soßen zur Geltung, in denen frische Kräuter verarbeitet sind, während zu Reis- und Getreidegerichten herzhafte, würzige Soßen mit Tomaten, Zwiebeln und vielen Kräutern passen.

Auch Hülsenfrüchte können meist gut mit würzigen Soßen kombiniert werden. Linsen, braune Bohnen und Kapuzinererbsen schmecken auch sehr gut mit süßsauren Soßen ebenso wie verschiedene Nudelgerichte, Kohlgerichte und rote Bete.

Maße und Gewichte

Verschiedene Lebensmittel

Sorte	Menge	durchschnittliches Gewicht
Buchweizengrütze	1 Tasse	100 g
	1 gestr. EL	8 g
Graupen	1 Tasse	130 g
	1 gestr. EL	11 g
Grießmehl	1 Tasse	120 g
	1 gestr. EL	9 g
Haferflocken	1 Tasse	65 g
	1 gestr. EL	5 g
Hülsenfrüchte, trocken	1 Tasse	150 g
Hülsenfrüchte, gekocht	1 Tasse	115 g
Kartoffelmehl	1 Tasse	110 g
	1 gestr. EL	9 g
Korinthen/Rosinen	1 Tasse	100 g
Nudeln, trocken	1 Tasse	100 g
Nudeln, gekocht	1 Tasse	85 g
Paniermehl	1 Tasse	95 g
	1 gestr. EL	8 g
Reis, trocken	1 Tasse	150 g
Reis, gekocht	1 Tasse	100 g

Sorte	Menge	durchschnittliches Gewicht
Salz	1 gestr. EL	15 g
	1 gestr. TL	3 g
Wasser	1 Tasse	150 g
	1 EL	15 g
Mehl	1 Tasse	90 g
	1 gestr. EL	7 g

Fette und Milchprodukte

Sorte	Menge	durchschnittliches Gewicht
Butter und Margarine	1 gestr. EL	12 g
	1 Brotaufstrich	5 g
Ei	mittlere Größe	70 g
Käse	1 Brotbelag	15 g
Öl	1 EL	12 g

Durchschnittliches Gewicht von verschiedenen Gemüse- und Obstsorten

Sorte	Menge	durchschnittliches Gewicht
Blumenkohl	mittlere Größe	500 g
Chicorée	1 Stück	75 g
Endivien	1 Kopf	400 g
Frühlingsmöhren	1 Bund	750 g
Grünkohl	1 Kopf	300 g
Gurke	mittlere Größe	600 g
Kartoffel	mittlere Größe	100 g
Kohl, Rot-,Weiß-,	mittlere Größe	1500 g
Lauch	mittlere Größe	200 g
Petersilie	1 Bund	100 g
Radieschen	1 Bund	100 g
Rote Bete	1 runde	250 g
Rote Bete	1 längliche	350 g
Rübstiele	1 Bund	300 g
Salat	mittlere Größe	200 g
Sellerie	1 Bund	100 g
Sellerieknolle	mittlere Größe	400 g
Tomate	mittlere Größe	200 g
Wintermöhre	mittlere Größe	350 g
Wirsing	mittlere Größe	1500 g
Zwiebel	groß	100 g
	klein	50 g

Obst mit Schale

Sorte	Menge	durchschnittliches Gewicht
Apfel	mittlere Größe	150 g
Apfelsine	mittlere Größe	140 g
Banane	mittlere Größe	150 g
Birne	mittlere Größe	100 g
Mandarine	mittlere Größe	110 g
Melone	mittlere Größe	1000 g
Pfirsich	mittlere Größe	100 g
Pflaume	mittlere Größe	75 g
Zitrone	mittlere Größe	125 g

Suppen sind im Nu zubereitet

Viele Alleinlebende begnügen sich aus Bequemlichkeit mit tiefgefrorenen Suppen, Tütensuppen oder Suppenkonserven. Schade, denn das ist wirklich nicht nötig. Wenn man sicher sein will, aus welchen Zutaten die Suppe besteht, muß man sie selbst zubereiten - und das ist gar nicht so schwierig.

Man unterscheidet verschiedene Sorten von Suppen. Die klare Suppe ist nicht sehr nahrhaft, aber dennoch sehr lecker; sie eignet sich ideal als Vorspeise oder auch als Zwischenmahlzeit mit einem Butterbrot, wenn man einmal nicht die Zeit zu einer Mahlzeit mit drei Gängen hat.

Dann gibt es die gebundene Suppe, die viel nahrhafter ist, und mit etwas Brot und einer sättigenden Nachspeise schon eine ausreichende Mahlzeit ergibt. Bei den gebundenen Suppen kann man wiederum unterscheiden zwischen einer Suppe, die mit einer Mehlschwitze (auch Einbrenne genannt) gebunden ist, und einer mit Kartoffeln gebundenen Suppe.

Schließlich gibt es noch die sättigenden Eintopfsuppen, die meistens aus Hülsenfrüchten bestehen. Sie können eine vollständige Mahlzeit bilden. Weil sie auch aufgewärmt sehr gut schmekken, ist es zweckmäßig, gleich die doppelte Menge zuzubereiten. Beispielsweise kann man die Hülsenfrüchte am ersten Tag als Hauptmahlzeit essen, und am zweiten Tag das Kochwasser der Hülsenfrüchte zusammen mit dem Rest der Hülsenfrüchte zu einer Suppe verarbeiten.

Hülsenfrüchte zu kochen, ist viel einfacher, als die meisten denken, da das Bett, der Schlafsack oder eine Kochkiste (wenn sie zur Verfügung steht) die Arbeit erledigen. Man weicht die

Hülsenfrüchte einfach am Vorabend ein, bringt sie am nächsten Morgen mit dem Einweichwasser zum Kochen und läßt sie 12 Minuten lang leicht kochen (während man sich anzieht oder frühstückt). Dann schlägt man um den glühendheißen Topf, der einen gut schließenden Deckel haben muß, schnell ein dickes Geschirrtuch und steckt das Ganze unter ein Kissen, in einen Schlafsack oder in die Kochkiste. Abends nach der Arbeit müssen die Hülsenfrüchte dann nur noch ausgepackt und kurz aufgewärmt werden. So einfach ist das.

Und jetzt zu den Suppen:

Der Einfachheit halber rechnen wir mit einer ordentlichen Portion, d.h. mit einem Viertelliter pro Person und Tag.

Mimosasuppe

1/4 l klare Brühe aus vegetarischen Bouillonkörnern oder -würfeln / 1/2 verquirltes Ei / 2 TL feingeschnittene Kräuter wie Petersilie, Sellerie, Kerbel, Schnittlauch oder Brennesselspitzen

Die Brühe zum Kochen bringen und das zerquirlte Ei unter Umrühren kurz mitkochen lassen. Es entstehen dann weiße und gelbe Flöckchen. Den Topf vom Herd nehmen und die grünen Kräuter hineinstreuen, gut umrühren und sofort servieren.

Salatsuppe

1/4 l vegetarische Brühe / die äußeren Blätter eines Salatkopfes (aus dem Rest wird Salat bereitet) / 1 kleines Stückchen Lauch (das Weiße davon) / 1/2 EL feingehackte Zwiebel / 1 EL fein geschnittene Kräuter (Petersilie, Sellerie, Kerbel, Schnittlauch, Brennesselspitzen usw.) / 1 Eidotter / 1 TL saure Sahne / Salz / Pfeffer / 2 TL Butter oder Margarine

Die Butter in einem großen Topf erwärmen, dann zuerst die Zwiebel und danach den in sehr feine Ringe geschnittenen Lauch hinzufügen. Kurz schmoren lassen, aber nicht bräunen. Die Hälfte der grünen Kräuter und die sehr fein geschnittenen, gewaschenen Salatblätter hineingeben. Im verschlossenen Topf 20 Minuten lang ganz leicht kochen lassen.

Das Eidotter in einer Suppenschale oder im Suppenteller mit dem Teelöffel Sahne verquirlen und die kochendheiße Suppe dazugießen, während alles mit einem Schneebesen oder mit einer Gabel geschlagen wird. Den Rest der grünen Kräuter daraufstreuen... und fertig ist die Suppe.

Ißt man ein Butterbrot und eine Nachspeise dazu, ist das bereits eine volle Mahlzeit.

Suppe aus Knollensellerie

1/2 kleine Sellerieknolle / 1/4 l Gemüsebrühe / 2 TL Butter oder Margarine / 1 Eidotter / Pfeffer / Salz / etwas feingeschnittenes Selleriegrün

Die Sellerieknolle sorgfältig schälen, in dicke Scheiben und dann in Würfel schneiden. Die Butter in einem großen Topf erwärmen, die Selleriewürfel hinzufügen und unter ständigem Umrühren schmoren, aber nicht braun werden lassen. Die heiße Brühe hinzugießen, den Topf verschließen und alles ungefähr 35 Minuten lang leicht köcheln lassen. Die Selleriestücke mit einem Mixer passieren oder durch ein Sieb drücken.

Das Eidotter mit etwas Suppe verquirlen, das feingehackte Selleriegrün hinzufügen und die kochende Suppe in einen Suppenteller oder eine Suppentasse gießen.

Da diese Suppe länger als eine halbe Stunde kochen muß und auch aufgewärmt sehr gut schmeckt, kann man ruhig die doppelte Menge zubereiten, d.h. man nimmt eine kleine Sellerieknolle und einen halben Liter Brühe. Das mit etwas Sahne verquirlte Eidotter kann dann zur Hälfte in einem gut verschlossenen kleinen Glas für den nächsten Tag aufbewahrt werden. Wenn das Eidotter in der Suppe ist, darf sie nämlich nicht mehr aufgewärmt werden.

Knoblauchsuppe

1 Knoblauchzehe / 1/4 l Gemüsebrühe / 2 EL Mayonnaise / 1 Scheibe in Würfel geschnittenes Brot / etwas Öl

Etwas Öl in einem großen Topf erhitzen und den feingehackten Knoblauch darin anbraten. Die kochende Brühe dazugießen und anschließend unter ständigem Umrühren oder Schlagen die Mayonnaise tropfenweise hinzufügen. Dies muß mit großer Sorgfalt geschehen, da die Mayonnaise sonst gerinnen kann. Eventuell muß die Suppe hierzu vom Herd genommen werden.

Inzwischen die Brotstückchen in etwas Öl in einer Pfanne braten. Die kochendheiße Suppe in den Teller oder die Suppentasse gießen und die gebratenen Brotwürfel darüberstreuen. Eventuell kann man die Mayonnaise auch auf einen vorgewärmten Teller geben und die kochendheiße Suppe unter ständigem Schlagen hinzugießen.

Blumenkohlsuppe

Blumenkohlreste / 1/4 l Kochflüssigkeit des Blumenkohls / 1 kleines Eidotter / etwas Sahne und eventuell etwas Sherry (Sahne mit Sherry ist in dieser Suppe sehr lecker) / Salz / Pfeffer

Das Blumenkohlwasser mit den Blumenkohlresten (z.B. vom Vortag) zum Kochen bringen und alles mit einem Mixer oder Sieb passieren.

Das Eidotter mit etwas Sahne und/oder Sherry verquirlen und die kochendheiße Suppe in einem Teller oder einer Suppentasse darübergießen. Dabei ständig alles mit einem kleinen Schneebesen oder mit einer Gabel schlagen. Mit Salz und Pfeffer abschmecken.

Nach den Suppenrezepten, in denen die Suppen im Teller oder in der Suppentasse fertig zubereitet werden, folgen jetzt einige Rezepte von Suppen, die mit Kartoffeln gebunden werden.

Kartoffeleintopf französische Art

100 g Kartoffeln / 75 g Möhren (auch Wintermöhren) / 1 kleine Zwiebel / 1/4 l Gemüsebrühe / 1 Nelke / 1 Stückchen Lorbeerblatt / eine Prise Thymian

Die Brühe mit den geschälten und in Stückchen geschnittenen Kartoffeln, mit der kleingehackten Zwiebel und den kleingeschnittenen Möhren zum Kochen bringen.

Die Gewürze hinzufügen und alles ungefähr 25 Minuten gar werden lassen. Die Nelke und das Lorbeerblatt entfernen und das Ganze mit einem Mixer pürieren oder durch ein Sieb drükken.

Wenn man die doppelte Menge Eintopf zubereitet, ist die Arbeit für den nächsten Tag bereits erledigt. Wenn man nicht zwei Tage hintereinander Eintopf essen will, ist es praktischer, einen Eintopf zuzubereiten, aber nur die eineinhalbfache Menge zu nehmen und den Rest mit Hilfe eines Siebs zu passieren. Dieser wird mit Brühe verlängert, und schon ist die Vor-Suppe für den nächsten Tag fertig.

Weißkohlsuppe für zwei Tage

500 g sehr fein geschnittener Weißkohl / 100 g Kartoffeln / 1 kleine Zwiebel / 1/2 Knoblauchzehe / 1/2 l vegetarische Brühe / etwas Öl / 2 in Würfel geschnittene Brotscheiben / geraspelter Käse

Etwas Öl in einem großen Topf erhitzen und die geschälte, feingeschnittene Zwiebel mit dem sehr fein geschnittenen Knoblauch (wer keinen Knoblauch mag, kann ihn auch weglassen) hineingeben. Leicht schmoren lassen, aber nicht bräunen. Anschließend den feingeschnittenen Kohl hineinschütten, diesen mitschmoren lassen, und danach erst die geschälte, in Stücke geschnittene Kartoffel hinzufügen. Am Schluß die kochende Brühe hinzugießen und alles im geschlossenen Topf eine halbe Stunde lang leicht durchkochen lassen. Die Brotwürfel in einer Pfanne mit etwas Öl goldbraun braten.

Die Hälfte der Suppe mit der Hälfte der Brotwürfel servieren. Nach Wunsch am Tisch noch etwas Käse darüberstreuen.

Am nächsten Tag die restliche Suppe aufwärmen und die Brotwürfel auf dem Deckel erwärmen.

Wer die Abwechslung liebt, kann am ersten Tag geraspelten Käse über die Suppe streuen und am nächsten Tag etwas feingehacktes Selleriegrün.

Lauchsuppe für zwei Tage

300 g Kartoffeln / 1 große Stange Lauch / 1/2 l Gemüsebrühe / 4 EL Sahne (oder saure Sahne) / nach Wunsch geröstetes Brot und/oder geriebenen Käse / 2 EL Butter oder Margarine

Butter oder Margarine in einem großen Topf erwärmen und den gewaschenen und in sehr feine Ringe geschnittenen Lauch hineinschütten und schmoren lassen, ohne daß er braun wird. Die geschälte und in Würfel geschnittene Kartoffel hinzufügen und alles mit der kochenden vegetarischen Brühe zusammen ungefähr 25 Minuten lang auf kleiner Flamme leicht kochen lassen. Danach mit dem Mixer pürieren oder das Ganze durch ein Sieb drücken.

Zwei Eßlöffel Sahne in eine Suppentasse oder einen Suppenteller geben, die Hälfte der Suppe kochendheiß darübergießen und dabei ständig mit einem Schneebesen oder einer Gabel umrühren. Geröstetes Brot und/oder geraspelten Käse auf die Suppe streuen. Den Rest der Suppe am nächsten Tag mit den restlichen Eßlöffeln Sahne servieren.

Mit einer Mehlschwitze gebundene Suppe

Nun folgen Suppen, die mit einer Mehlschwitze (Einbrenne) gebunden werden. Eine Mehlschwitze ist gar nicht so schwierig zuzubereiten, wenn man weiß, wie's geht. Allerdings benötigt man hierfür zwei Herdplatten, da zuerst das Gemisch aus Butter und Mehl zubereitet wird, in das man dann die kochende Suppe hineingibt. Zur Not kann man die heiße Suppe in eine Schüssel gießen und die Mehlschwitze in dem gleichen Topf, in dem die Suppe gekocht worden ist, zubereiten.

Zunächst läßt man die Butter oder Margarine schmelzen, ohne daß sie braun wird. Anschließend fügt man unter ständigem Rühren das Mehl hinzu, das kurz mitgekocht wird und auch nicht braun werden darf. Nur für dunkle Suppen darf das Mehl hellgelb werden, aber keinesfalls dunkler! Die Mehlschwitze vom Herd nehmen, und unter ständigem Rühren mit dem Schneebesen die heiße Suppe hinzugeben.

Wenn die Suppe sehr heiß ist und man jedesmal nur eine kleine Menge der heißen Suppe mit dem Mehl/Butter-Gemisch verrührt, gelingt die Mehlschwitze immer, ohne daß Klumpen entstehen. Wenn alles gut vermischt ist, muß die Suppe noch einmal kurz aufkochen, damit sie gebunden wird.

Sojasprossensuppe für zwei Tage

1/2 l Gemüsebrühe / 20 g (2 EL Weizenmehl) /
20 g (2 gestrichene EL) Butter oder Margarine /
75 g Sojasprossen / 1/2 EL Butter oder Margarine

Die Butter oder Margarine in einem großen Topf erwärmen und das Mehl hinzufügen (siehe S. 33). Die Brühe nach und nach hineingießen und alles 7 Minuten lang kochen lassen. Die Sojasprossen waschen, die Samenkörner, die oben auf dem Waschwasser schwimmen, entfernen und die Sprossen kleinschneiden. Den halben Eßlöffel Butter oder Margarine in einer Pfanne erhitzen, die gewaschenen und abgetropften Sprossen hinzufügen und 7 Minuten lang schmoren lassen.

Die geschmorten Sprossen in die gebundene Brühe schütten und zweimal von dieser Suppe essen. Sie kann problemlos aufgewärmt werden, aber man sollte darauf achten, daß sie nicht anbrennt.

Stangensellerie für zwei Tage

250 g Stangensellerie / 1/2 l vegetarische Brühe / 20 g (2 EL) Mehl / 20 g (2 gestr. EL) Butter oder Margarine / 1 1/2 EL Sahne / etwas geschnittenes Selleriegrün

Den Sellerie waschen und die groben Fasern entfernen, da diese nicht weich werden. In kleine Stückchen schneiden und ungefähr eine halbe Stunde in der Brühe garkochen.

Eine Mehlschwitze (siehe S. 33) zubereiten und die Suppe kurz aufkochen lassen.

Die Hälfte der Sahne mit etwas Zitronensaft in eine Suppentasse oder einen Suppenteller geben, die halbe Menge der kochendheißen Suppe darübergießen und nach Bedarf etwas geraspelten Käse und/oder Selleriegrün darüberstreuen.

Die Suppe am nächsten Tag unter ständigem Umrühren aufwärmen. Die restliche Sahne mit etwas Zitronensaft auf einen Teller geben und die restliche Suppe dazugießen.

Erdnußsuppe für zwei Tage

2 Stengel Stangensellerie oder 2 Scheiben einer Sellerieknolle / 1 kleine Zwiebel / 2 EL Erdnußbutter / 20 g (2 EL) Mehl / 20 g (2 gestrichene EL) Butter oder Margarine / 2 EL Sahne / 1/2 l Brühe / 1 EL kleingehackte ungesalzene Erdnüsse

Die Butter oder Margarine in einem großen Topf erwärmen, die geschälte, feingeschnittene Zwiebel und den feingeschnittenen Sellerie (entweder Knollensellerie oder Stangensellerie, von dem alle groben Fasern entfernt worden sind) dazugeben. Alles schmoren lasen, ohne daß es braun wird, das Mehl einrühren und zum Schluß die Erdnußbutter dazugeben. Anschließend die Brühe nach und nach hineingießen und die Suppe 25 Minuten lang leicht kochen lassen. Das Ganze mit einem Mixer pürieren oder durch ein Sieb geben.

Einen Eßlöffel Sahne in eine Suppentasse oder in einen Suppenteller geben und die Hälfte der Suppe darübergießen.

Am nächsten Tag die aufgewärmte Suppe ebenso über einen Eßlöffel Sahne gießen (Suppen mit Sahne dürfen nicht mehr aufgewärmt werden).

Rote Paprikasuppe für zwei Tage

1 kleine Zwiebel / 1 TL süßes rotes Paprikapulver / 20 g (2 EL) Butter oder Margarine / 20 g (2 gestrichene EL) Mehl / 1/2 l vegetarische Brühe / eventuell 1/2 rote Paprika ohne Kerne / 2 EL Sahne / Zitronensaft / etwas feingehackte Petersilie

Die Butter oder Margarine in einem großen Topf erhitzen, die geschälte und sehr fein gehackte Zwiebel hinzufügen, schmoren lassen, eventuell die entkernte und in kleine Würfel geschnittene rote Paprika hinzugeben und zum Schluß das rote Paprikapulver. Alles noch einmal kurz schmoren, aber nicht zu heiß werden lassen. Anschließend das Mehl hineinstreuen. Unterdessen ständig weiterrühren und zum Schluß unter Rühren die heiße Brühe dazugießen. 15 Minuten lang leicht köcheln lassen.

Einen Eßlöffel Sahne, die mit etwas Zitronensaft geschlagen ist, in eine Suppentasse oder einen Suppenteller geben und die Hälfte der Suppe unter Umrühren darübergießen. Am nächsten Tag den Rest auf die gleiche Art servieren.

Die Suppe immer ohne Sahne und Zitronensaft aufwärmen.

Variation: Geraspelter Käse schmeckt zu dieser Suppe ausgezeichnet.

Tomatensuppe für zwei Tage

1/2 l Tomatensaft oder 2 EL Tomatenmark mit 1/2 l Wasser /
1 vegetarischer Brühwürfel für 1/2 l Wasser /
20 g (2 EL) Butter oder Margarine /
20 g (2 gestrichene EL) Mehl /
Pfeffer / Salz / Zitronensaft / geraspelter Käse /
eventuell etwas gehackte Petersilie und/oder Sellerie

Den Brühwürfel im Tomatensaft oder in einem Gemisch von Tomatenmark und Wasser auflösen.

In einem Topf eine Mehlschwitze aus Butter und Mehl zubereiten (siehe S. 33). Den kochendheißen Tomatensaft mit der Brühe hinzugießen und alles 7 Minuten lang leicht durchkochen lassen. Mit etwas Zitronensaft, eventuell auch mit etwas Sahne abschmecken.

Mit gehackter Petersilie und/oder Sellerie und reichlich geraspeltem Käse servieren. Am nächsten Tag den Käse ebenfalls nachträglich in die Suppe streuen, also nicht in den Kochtopf streuen und anschließend aufwärmen!

Kerbelsuppe für zwei Tage

50 g feingehackter frischer Kerbel /
20 g (2 EL) Butter oder Margarine /
20 g (2 gestrichene EL) Mehl / 1/2 l vegetarische Bouillon

Die Butter oder Margarine in einem Topf erhitzen und mit dem Mehl eine Mehlschwitze zubereiten (siehe S. 33). Die kochende Brühe hinzugeben, den Topf vom Herd nehmen und den frischen Kerbel hineinstreuen. Wenn der Kerbel tiefgefroren ist, muß er in der Suppe auftauen. Sobald das letzte Blättchen Kerbel aufgetaut ist, den Topf vom Herd nehmen. Die Hälfte der Suppe in einen Teller oder eine Suppenschale geben.

Die restliche Suppe für den nächsten Tag aufbewahren und dann nur noch kurz aufwärmen. Sie darf nicht mehr kochen, da der Kerbel sonst an Aroma verliert.

Eintopfsuppen

Eine kräftige Suppe aus Hülsenfrüchten kann eine vollständige Mahlzeit sein. Man benötigt dafür nur einen Topf. Am besten bereitet man von diesen Suppen Mengen für zwei Tage zu, es sei denn, man verarbeitet Reste von gekochten Hülsenfrüchten.

Der Einfachheit halber sind in den folgenden Rezepten Mengen für zwei Tage angegeben. Die Suppen müssen an einem kühlen Ort aufbewahrt werden, da sie leicht sauer werden können. Sie sollten daher möglichst schnell abkühlen; hierzu kann man den Topf mit dem Suppenrest in kaltes Wasser setzen (ohne Dekkel). Die abgekühlte Suppe in eine Plastikdose füllen, diese gut verschließen und an einem kühlen Ort aufbewahren. Die Suppe kann auch im Kochtopf aufbewahrt werden.

Am nächsten Tag muß anfangs gut umgerührt werden, da Hülsenfrüchte nach dem Abkühlen eine geleeartige Masse bilden, die schnell anbrennt und erst beim Erhitzen wieder flüssig wird.

Weiße Bohnensuppe mit geraspeltem Käse

200 g weiße Bohnen / 1 Stange Lauch / 1 Lorbeerblatt / 1 Prise Thymian und/oder Oregano / Brühwürfel für 3/4 l Flüssigkeit / geraspelter Käse / etwas Öl

Die Bohnen abends waschen und in reichlich Wasser einweichen. Am nächsten Tag mit den Kräutern aufsetzen und 10-15 Minuten leicht kochen lassen. Den Topf anschließend in ein dikkes Tuch einpacken, so daß der Deckel fest auf dem Topf sitzt, und das Ganze in Kissen oder einen Schlafsack wickeln. Abends die Kräuter herausholen. Etwas Öl in einer Pfanne erhitzen, die gewaschenen und sehr fein geschnittenen Lauchringe hinzufügen und ungefähr 7 Minuten lang leicht schmoren.

Den Topf mit den Bohnen zum Kochen bringen und die Lauchringe und die Brühwürfel hineingeben. Alles kochen lassen, bis es gebunden ist. Die Hälfte der Suppe in einen Teller oder eine Suppentasse gießen und reichlich geraspelten Käse darüberstreuen. Die restliche Suppe, nachdem sie völlig abgekühlt ist, an einem kühlen Ort bis zum nächsten Tag aufbewahren. Am nächsten Tag kann sie mit grünen Kräutern garniert werden.

Braune Bohnensuppe

200 g braune Bohnen / 250 g Zwiebeln /
1 1/2 EL Butter und/oder Margarine / Pfeffer / Salz

Die Bohnen in reichlich Wasser eine Nacht lang einweichen, am nächsten Morgen zum Kochen bringen und 15 Minuten lang kochen. Den Deckel mit einem Geschirrtuch festbinden und den warmen Topf in Kissen oder in einem Schlafsack verpacken.

Abends Butter oder Margarine in einem großen Topf erhitzen. Die geschälte und in kleine Stücke geschnittene Zwiebel hinzufügen und schmoren lassen, bis sie glasig, fast gar und goldbraun, aber nicht schwarz ist! Die gekochten braunen Bohnen hinzugießen und das Ganze weitere 15 Minuten lang köcheln lassen. Die Suppe mit einem Mixer oder durch ein Sieb pürieren. Mit Pfeffer und Salz abschmecken. Die Menge reicht für zwei Tage; am besten schmeckt sie mit geröstetem Brot.

Serbische Bohnensuppe

200 g weiße oder braune Bohnen / 200 g Zwiebeln /
1 1/2 TL rotes Paprikapulver (süß) /
1/2 TL (nicht mehr!) Chilipulver /
1/2 rote Paprika ohne Kerne / Salz nach Bedarf /
1 1/2 EL Öl

Die Bohnen eine Nacht lang in reichlich Wasser einweichen und am nächsten Morgen 15 Minuten lang kochen. Anschließend den Topf warm einpacken. Abends die gehäuteten, in dünne Scheiben geschnittenen Zwiebeln in etwas Öl schmoren, bis sie glasig werden, aber noch nicht gebräunt sind. Dann die entkernte, in Würfel geschnittene Paprika, das rote Paprikapulver und das Chilipulver hinzufügen. Anschließend die gekochten Bohnen und alles weitere 20 Minuten lang kochen lassen.

Diese Suppe servieren, ohne sie durchzusieben, so daß man die Paprikastückchen und Bohnen noch sehen kann. Diese Suppe reicht für 2 Tage. Dazu ißt man Brot.

Erbsensuppe mit Rahm

200 g getrocknete Erbsen / 1/2 Tasse feingeschnittenes Suppengemüse (kann auch tiefgefroren sein) / 1 kleine Kartoffel / 3 EL Sahne / 1/2 EL feingeschnittener Schnittlauch (oder Selleriegrün)

Die Erbsen nicht einweichen, sondern morgens nach sorgfältigem Waschen mit reichlich Wasser aufsetzen und 12 Minuten kochen lassen. Den Deckel mit einem Geschirrtuch festbinden und den warmen Topf in ein Kissen oder einen Schlafsack einpacken.

Die Erbsen abends erneut zum Kochen bringen. Das Suppengemüse und die geschälte, in Würfel geschnittene Kartoffel hinzufügen und weitere 20 Minuten lang kochen. Die Suppe eventuell mit einem Mixer oder durch ein Sieb pürieren.

Die Hälfte der Sahne und die Hälfte des Schnittlauchs oder des Selleriegrüns in eine Suppentasse oder in einen Suppenteller geben und die kochendheiße Suppe darübergießen.

Die restliche Suppe bis zum nächsten Tag kühl aufbewahren und mit frischer Sahne und Schnittlauch oder Sellerie servieren. Dazu gebratenes oder geröstetes Brot essen.

Würzige Linsensuppe

200 g Linsen / 150 g feingeschnittene Zwiebeln / 1 EL Öl / 1 Lorbeerblatt / 1 Muskatblüte / 1 Nelke / eventuell 1 Glas Rotwein

Die Linsen nach dem Waschen eine Nacht lang in reichlich Wasser einweichen. Am nächsten Tag zum Kochen bringen und 12 Minuten lang durchkochen. Die Kräuter hinzufügen, bevor die Linsen kochen. In einem Kissen oder einem Schlafsack eingepackt tagsüber gar werden lassen.

Abends die Zwiebeln schälen und in hauchdünne Scheibchen schneiden. Das Öl in einer Pfanne erhitzen und die Zwiebeln darin glasig und hellbraun (nicht schwarz) schmoren. Die Linsen aus dem Kissen oder dem Schlafsack auspacken und zum Kochen bringen; die Gewürze herausnehmen und die Zwiebeln hinzufügen. Alles in weiteren 15 Minuten würzig und gar werden lassen. Mit einem halben Glas Rotwein im Teller oder in der Suppentasse servieren. Diese Suppe reicht für zwei Mahlzeiten und wird mit frischem oder geröstetem Brot gegessen.

Weiße Bohnensuppe mit Joghurt

200 g weiße Bohnen / 1 Lorbeerblatt / 2 Nelken / etwas Thymian / Pfeffer / 1/2 EL Öl / 1 große Stange Lauch / 1/2 Tasse abgetropfter Joghurt / 2 Tomaten / Pfeffer und Salz

Die Bohnen eine Nacht lang in reichlich Wasser einweichen und zusammen mit den Gewürzen aufsetzen. 12 Minuten lang kochen und den in ein Tuch eingeschlagenen Topf in Kissen oder einen Schlafsack einpacken.

In einer Pfanne Öl erhitzen, den gewaschenen und sehr fein geschnittenen Lauch hinzufügen und schmoren lassen, bis er gar ist.

Die weißen Bohnen zum Kochen bringen, die Gewürze entfernen und die Lauchringe hinzufügen. Das Ganze weitere 15 Minuten lang kochen.

Eine Tomate abschälen, nachdem sie kurz in heißem Wasser gelegen hat, sehr fein schneiden und mit der Hälfte des abgetropften Joghurts vermischen. Dieses Gemisch in einen Teller oder eine Suppentasse geben und die Hälfte der heißen Suppe darübergießen. Gegebenenfalls mit etwas Salz und Pfeffer nachwürzen.

Die restliche Suppe möglichst schnell abkühlen lassen und sie bis zum nächsten Tag aufbewahren. Auf die gleiche Weise mit der anderen Tomate und dem Rest des abgetropften Joghurts servieren.

Nicht zu vergessen: Die Kartoffel!

Die Kartoffel ist in unseren Breitengraden einer der wichtigsten Lieferanten von Vitamin C. Im Durchschnitt stammen 40 % des Vitamins C, das wir mit unserer Nahrung zu uns nehmen, von dieser einfachen Wurzelknolle, was nicht zuletzt daran liegt, daß wir sie in großen Mengen verzehren. Man rechnet 250 g Kartoffeln pro Person und Mahlzeit. Wer für sich alleine kocht, sollte deshalb am besten immer gleich 500 g kochen, damit man für den nächsten Tag gleich mitgekocht hat.

Frisch gekocht paßt die Kartoffel gut zu Gemüse, Salaten, Omelettes, gebratenem Käse und natürlich in Stampfkartoffelgerichten. Am zweiten Tag kann man die Kartoffeln braten oder als Kartoffelplätzchen, Kartoffelsalat o.ä. verspeisen.

Kartoffeln in der Schale gekocht

500 g ungefähr gleichgroße Kartoffeln / 150 ml Wasser

Die Kartoffeln sollten sehr gründlich gebürstet werden. Eventuelle dunkle Stellen und Keime werden entfernt. Dann werden sie in einem gut verschlossenen Topf mit Wasser zum Kochen gebracht und in ungefähr 25 Minuten gegart. Neue Kartoffeln sind in 15 Minuten gar. Das Kochwasser wird abgegossen, dann werden die Kartoffeln mit einer Gabel aufgespießt und abgepellt.

Man kann dies auch auf dem Teller tun. Besonders lecker schmecken die Kartoffeln mit etwas Butter und Salz.

Geschälte Kartoffeln

Die Kartoffeln so dünn wie möglich schälen; Keime und dunkle Stellen entfernen und sehr große Kartoffeln halbieren. Mit 100 ml Wasser und etwas Salz aufsetzen, im geschlossenen Topf schnell zum Kochen bringen und in 20-25 Minuten gar werden lassen. Neue Kartoffeln benötigen nur 15 Minuten. Das Kochwasser kann in einen anderen Topf gegossen und für Suppen oder Soßen benutzt werden.

Nach dem Abgießen die Kartoffeln kurz schütteln und ohne Deckel bei sehr niedriger Hitze kurz ausdampfen lassen.

Kartoffelpüree

500 g Kartoffeln / 100 ml Milch /
etwas Butter oder Margarine / Salz / Muskat

Die Kartoffeln mit oder ohne Schale kochen und die Menge für den nächsten Tag beiseite stellen. Die Kartoffeln (falls sie mit Schale gekocht wurden) schälen und anschließend sehr feinstampfen. Mit ungefähr 100 ml kochender Milch verrühren, etwas Butter oder Margarine hinzufügen und die sämige Masse mit Salz und Muskatnuß abschmecken.

Kartoffelsalat

500 g Kartoffeln / 1 TL Öl / Salz / Pfeffer / 1 TL Senf /
1 kleine Zwiebel oder etwas Schnittlauch

Dieser Salat schmeckt am besten, wenn man ihn aus warmen Kartoffeln zubereitet. Man stellt also die Portion Kartoffeln für die nächste Mahlzeit beiseite und schneidet die restlichen Kartoffeln in Scheiben. Diese legt man in eine Schüssel und gießt ein Gemisch aus einem kleinen Löffel Öl, etwas Salz und Pfeffer darüber. Man kann auch etwas Senf untermischen. Dann läßt man den Salat an einem kühlen Ort durchziehen und bestreut ihn am nächsten Tag mit einer kleinen feingehackten Zwiebel oder mit Schnittlauch.

Kartoffelbällchen

250 g gekochte Kartoffeln (der Rest vom Vortag) / Butter oder Öl zum Braten / eine Tasse kochende Milch / 1/2 EL feingeschnittene Zwiebel / 1/2 EL Butter und/oder Öl / etwas Curry / 1/2 EL feingeschnittenen Sellerie und Petersilie / Paniermehl

Die kalten Kartoffeln so fein wie möglich zerdrücken und unter ständigem Umrühren mit der kochenden Milch erwärmen. In der Zwischenzeit die feingeschnittene Zwiebel mit Curry in einer Pfanne anbraten und zusammen mit der feingeschnittenen Petersilie und dem Sellerie mit dem Kartoffelpüree verrühren.

Mit den Händen zwei oder drei feste Kugeln aus dieser Masse formen. Es ist wichtig, daß sie gut zusammengedrückt werden, damit sie nicht auseinanderfallen.

Die Kugeln schließlich in Paniermehl wälzen und sie in Butter und/oder Öl auf beiden Seiten goldbraun braten. Die Kartoffelbällchen passen ausgezeichnet zu gekochtem Blattgemüse oder zu einem frischen Salat.

Bratkartoffeln

250 g gekochte Kartoffeln / 2 EL Öl / Salz / Pfeffer

Die Kartoffeln in dicke Scheiben schneiden. Das Öl in einer Pfanne erhitzen und die Kartoffelscheiben vorsichtig hineinlegen und goldbraun braten. Die Scheiben wenden, damit sie auch auf der anderen Seite braun werden, und nach Belieben mit etwas Salz und Pfeffer bestreuen. Bratkartoffeln sollten so heiß wie möglich gegessen werden.

Rösti aus gekochten Kartoffeln

250 g gekochte kalte Kartoffeln, am besten in der Schale gekocht / 2 EL Öl / 2 EL Butter oder Margarine / Salz

Die gepellten gekochten Kartoffeln auf einer großen Reibe raspeln. Die Hälfte der Butter und des Öls in einer Pfanne erhitzen und die geraspelten Kartoffeln hineinschütten. Kurz umrühren und mit einem Pfannkuchenwender zusammendrücken, so daß eine Art Kartoffelkuchen entsteht. Einen Deckel oder einen Teller auf die Pfanne legen und bei niedriger Hitze weiterbraten, bis der Kuchen nach ungefähr 20 Minuten auf einer Seite eine schöne braune Kruste bekommt. Dann den Kuchen auf einen Teller gleiten lassen, den Rest Öl und Butter in die Pfanne geben und den Kartoffelkuchen mit der noch nicht gebratenen Seite nach unten in die Pfanne geben. Auch diese Seite soll schön braun werden.

Den Kuchen, der außen knusprig und innen weich ist, sofort aufessen. Dieses Rezept scheint auf den ersten Blick schwierig zu sein. Wer es jedoch einmal ausprobiert hat, weiß, wie einfach sich die Röstis zubereiten lassen und wie lecker sie schmecken.

Bratkartoffeln mit Zwiebeln und Petersilie

250 g gekochte Kartoffeln, am besten in der Schale gekocht / 1 große Zwiebel / 1 EL Öl / 1 EL Butter oder Margarine / 1/2 EL feingeschnittene Petersilie

Das Öl mit der Butter in einer Pfanne erhitzen und die geschälte, in hauchdünne Scheiben geschnittene Zwiebel darin schmoren, ohne daß sie braun wird. Dann die gepellten, in Scheiben geschnittenen Kartoffeln hinzufügen und mitbraten. Kurz bevor man sie auf den Teller legt, etwas Petersilie darüberstreuen und diese warm werden lassen. Diese Bratkartoffeln sind zu Spiegelei, Omelette oder Kräuterquark sehr lecker.

Die Verarbeitung roher Kartoffeln

Bis jetzt sind nur Rezepte aufgeführt worden, in denen gekochte Kartoffeln verwertet wurden.

Aber auch rohe Kartoffeln können für allerlei Gerichte verwendet werden. Ein Erfolg ist immer das Kartoffelgulasch. Da es so gut schmeckt, bereitet man am besten immer gleich die doppelte Portion davon zu. Es läßt sich nämlich leicht aufwärmen und schmeckt am nächsten Tag noch besser.

Kartoffelgulasch

500 g Kartoffeln (keine weichkochenden) / 400 g Zwiebeln / 2 EL Öl / 2 TL süßes rotes Paprikapulver / eventuell einen Rest Tomatenmark und etwas Sahne / 1/2 Tasse vegetarische Brühe / Salz nach Bedarf

Die Zwiebeln schälen, in feine Ringe schneiden und in einem Topf mit heißem Öl goldgelb (nicht dunkler) braten. Dann das Paprikapulver hinzufügen. Es darf nicht zu heiß werden, da es sonst sein feines Aroma verliert. Anschließend werden die geschälten und gewürfelten Kartoffeln kurz mitgeschmort. Die heiße Bouillon hinzufügen und den Topf mit einem Deckel verschließen. Kartoffeln und Zwiebeln müssen hin und wieder vorsichtig umgerührt werden, damit sie nicht anbrennen. Gar sind sie in 20-25 Minuten, sie dürfen aber nicht zerkochen.

Nach Bedarf mit einem Rest Tomatenmark und etwas Sahne abschmecken und dazu einen frischen Salat essen.

Irische Kartoffelpfannkuchen

200 g Kartoffeln / 1 1/2 EL Mehl / 1 EL Milch / Salz / etwas Kümmel (1/2 TL) / Öl zum Braten

Aus Mehl, Milch, Salz und Kümmel einen Brei zubereiten. Die Kartoffeln schälen und schnell raspeln, damit sie nicht verfärben. In ein Tuch geben und die Flüssigkeit ausdrücken. Anschließend mit dem Mehlbrei vermischen und in dem heißen Öl drei Kartoffelpfannkuchen braten. Warm essen.

Bratkartoffeln aus rohen Kartoffeln

250 g Kartoffeln / 2 EL Öl / Salz

Die Kartoffeln schälen, in Scheiben schneiden und eine halbe Stunde lang in reichlich Wasser mit etwas Salz ziehen lassen. Anschließend die Kartoffelscheiben abtropfen lassen und mit einem sauberen Geschirrtuch abtrocknen. Das Öl in einer Pfanne erhitzen, die Kartoffeln hineinlegen und mit einem Deckel (oder einem Teller) auf der Pfanne ungefähr 10 Minuten langsam gar werden lassen. Erst dann den Deckel von der Pfanne nehmen und die Kartoffelscheiben von beiden Seiten braun braten; sie müssen dabei ab und zu gewendet werden. Nach Geschmack mit Salz bestreuen.

Reibekuchen

250 g Kartoffeln / 1/2 Ei / 1 kleine Zwiebel /
1 Knoblauchzehe / 1 gestrichenen EL Mehl / Öl zum Braten

Die Kartoffeln schälen, schnell raspeln und sofort mit dem verquirlten Ei, dem Mehl, den sehr fein gehackten Zwiebeln und dem Saft der Knoblauchzehe vermischen. Das Öl in einer Pfanne erhitzen und die Hälfte des Teigs darin braten wie einen dikken Pfannkuchen.

Den Reibekuchen warm halten, den Rest braten und mit frischem Salat oder Kräuterquark aufessen, solange sie noch knusprig sind.

Kartoffeln in Weinsoße

200 g Kartoffeln / 150 ml vegetarische Brühe / 100 ml Rotwein / 2 EL Mehl / 2 EL Butter oder Margarine / 1/2 EL feingehackte Zwiebel / 1 EL feingehackte Petersilie und Sellerie

Die Butter in einem großen Topf schmelzen und die Zwiebelstückchen darin anbraten, ohne daß sie braun werden. Das Mehl darunterrühren und unter ständigem Umrühren ganz leicht verfärben lassen. Den Topf anschließend vom Herd nehmen und die heiße Brühe dazugießen. Unterdessen ständig mit dem Schneebesen umrühren, bis alles ohne Klümpchen gebunden ist. Erst dann den Wein hinzufügen und das Ganze nach Bedarf mit etwas Pfeffer und Salz abschmecken. Die Kartoffeln schälen, in Würfel schneiden und in der aromatischen Weinsoße auf kleiner Flamme in ungefähr 25 Minuten gar werden lassen. Dabei hin und wieder umrühren, damit sie nicht anbrennen. Mit einem kalten Salat aus weißen oder braunen Bohnen hat man dann eine herrliche Mahlzeit zubereitet.

Fritierte Kartoffeln

Diejenigen, die auf einer Herdplatte im Wohn- und Schlafzimmer kochen müssen, sollten sich das Fritieren besser aus dem Kopf schlagen. Während des Fritierens verdampft Fett, das sich in winzigen Tröpfchen im ganzen Raum absetzt. Die Gefahr, daß das Zimmer danach wie eine Frittenbude riecht, ist daher groß. Für alle, die eine Küche mit Dunstabsaugvorrichtung haben, folgt ein Abschnitt über das Fritieren von Kartoffeln.

Pommes Frites

250 g Kartoffeln / Fritieröl / Salz

Die Kartoffeln schälen, in dicke Scheiben und diese wiederum in Streifen schneiden. Diese Kartoffelstreifen eine halbe Stunde lang in reichlich Wasser mit etwas Salz ziehen lassen und mit einem sauberen Geschirrtuch abtrocknen. Öl in einem Fritiertopf (oder in einer tiefen Pfanne mit dickem Boden) erhitzen. Einen Teil der Kartoffeln hineinschütten und goldbraun braten. Wenn sie aus dem Öl geholt werden, sollten sie auf einen mit saugfähigem Papier ausgelegten Teller gegeben werden, der beispielsweise auf einem Topf mit heißem Wasser steht, damit das Fett abtropfen kann und die Pommes Frites warm bleiben. Auf diese Weise werden alle Kartoffeln fritiert und dann sofort aufgegessen.

Nach den Regeln der wahren Kochkunst werden die Pommes Frites zweimal fritiert: das erste Mal, bis sie gar sind, das zweite Mal in sehr heißem Öl, bis sie knusprig und goldbraun sind. Aber das ist für solch kleine Mengen vielleicht doch etwas zuviel verlangt.

Chips

200 g Kartoffeln / Fritierfett / Salz

Die Kartoffeln schälen und mit Hilfe einer Reibe (z.B. einer Gurkenreibe) hauchdünne Scheiben abschaben. Diese eine Viertelstunde lang in reichlich Wasser mit Salz ziehen und anschließend abtropfen lassen. Die Scheiben abtrocknen und in heißem Fritierfett schnell knusprig und goldbraun braten. Jetzt müssen sie nur noch auf saugfähigem Papier und an einem warmen Ort abtropfen. Sie können entweder sofort aufgegessen oder mit Salz bestreut abkühlen und später als Salzgebäck verzehrt werden. Chips lassen sich auch gut bis zum nächsten Tag aufbewahren.

Schneller Kartoffelkuchen

1 große Kartoffel, weichkochend / 1 EL Öl / Pfeffer / Salz

Die Kartoffel schälen und mit einer groben Reibe raspeln. Sofort Öl darübergießen, um Verfärbungen zu verhindern. Eine Viertelstunde mit einem Teller abgedeckt stehen lassen. Dann mit etwas Pfeffer und Salz bestreuen, die Masse in eine erwärmte Pfanne gießen und auf kleiner Flamme erst die eine, dann die andere Seite knusprig braun braten. Dabei ist vor allem wichtig, daß der Kartoffelkuchen langsam brät, da er auch von innen weich und gar werden muß.

Gemüse - einmal anders

Die einfachste Zubereitungsweise von Gemüse ist allgemein bekannt: zuerst putzen, dann z.B. Kohl feinschaben, Knollen in Stücke schneiden und Blattgemüse eventuell etwas feiner schneiden. Anschließend in möglichst wenig Wasser schnell kochen oder in Butter oder Margarine schmoren. Eine Ausnahme bilden Blumenkohl und Brokkoli, die in reichlich Wasser gekocht werden.

Stampfkartoffelgerichte sind ebenfalls sehr einfach zuzubereiten: zuerst wird ein festes Püree aus frischgekochten Kartoffeln hergestellt (siehe voriges Kapitel), und kurz vor dem Essen werden gewaschene und feingeschnittene Rübstiele, Spinat, Endivien, Brennesselspitzen oder das Grün von Radieschen untergemischt. Das Ganze wird noch einmal kurz erhitzt, und schon kann gegessen werden.

Von diesen Gemüsesorten nimmt man 100 g pro 300 g Kartoffeln. Für Stampfkartoffeln mit gekochtem Gemüse kocht man zuerst die Kartoffeln und das Gemüse getrennt voneinander und stampft anschließend alles zusammen in einem Verhältnis von 200 g Gemüse auf 300 g Kartoffeln. Geeignete Gemüsesorten dafür sind Grünkohl, Weißkohl sowie eine Mischung aus Möhren und Zwiebeln.

Die im folgenden aufgeführten Rezepte zeigen spezielle und sehr leckere Zubereitungsweisen von Gemüse.

Endivien mit Tomaten

200 g Endivien / 100 g Tomaten / etwas Butter oder Margarine / Salz / Pfeffer / Muskatnuß

Endivien waschen und klein schneiden. Etwas Butter in einem Topf erwärmen und die Endivien kurz anschmoren. Die Tomaten abschälen, nachdem sie kurz in kochendem Wasser gelegen haben. Kerne entfernen, die Tomaten in Stücke schneiden und zu den Endivien geben. Alles im offenen Topf kurz weiterschmoren, damit die überschüssige Flüssigkeit verdampfen kann. Mit Pfeffer, Salz und Muskatnuß würzen. Dieses Gericht läßt sich mit Reis oder Kartoffeln kombinieren.

Gebratene Auberginen

1 kleine Aubergine / 1 kleine Knoblauchzehe / Pfeffer / Salz / Petersilie / 1 1/2 EL abgetropfter Joghurt / Öl zum Braten

Die Aubergine waschen, aber nicht schälen. Dann in 1 cm dicke Scheiben schneiden und mit Salz bestreuen. Das Salz eine Stunde einziehen lassen; danach das Salz und die Flüssigkeit abspülen und die Scheiben sorgfältig trocknen. Öl in einer Pfanne erhitzen und die Auberginenscheiben an beiden Seiten braun braten. Warm halten und inzwischen im gleichen Öl die feingehackte Knoblauchzehe schmoren (oder einen Eßlöffel Zwiebeln, wenn man Knoblauch nicht mag). Den Joghurt hinzufügen, mit Salz und Pfeffer abschmecken und mit Petersilie bestreuen. Die Soße über die Auberginen gießen und mit Reis oder Hirse essen.

Gebratener Blumenkohl

1/2 Blumenkohl / 1 Ei / etwas Mehl / Paniermehl / Butter und/oder Öl zum Braten

Blumenkohl in Röschen zerlegen und diese in Wasser mit etwas Salz kochen, bis sie fast gar sind. Abtropfen lassen und das Kochwasser für Suppe aufbewahren oder einfach so trinken, denn es enthält viele kostbare Minerale. Das Ei mit etwas Wasser oder Milch verquirlen. Die Blumenkohlröschen erst in Mehl wälzen, dann im zerquirlten Ei auf einem Teller und anschließend in Paniermehl.

Öl und/oder Butter in einer Pfanne erhitzen und die Röschen auf beiden Seiten goldbraun braten.

Dazu Bratkartoffeln oder Reis mit Mayonnaisesoße reichen.

Grünkohl nach dänischer Art

250 g geschnittener Grünkohl / 1/2 EL Butter / 1/2 EL Mehl / 3 EL Kochwasser vom Grünkohl mit vegetarischer Brühe / 3 EL Sahne

Den gründlich gewaschenen, vom Strunk getrennten und feingeschnittenen Kohl in Wasser mit etwas Salz ungefähr 30 Minuten gar kochen. Abtropfen lassen und einen Teil des Kochwassers für die Soße verwenden. Der Rest kann getrunken werden.

Die Butter in einem Topf erwärmen und das Mehl hinzufügen, den Topf vom Feuer nehmen und die heiße Brühe unter ständigem Umrühren dazugießen. Das Ganze 5 Minuten lang leicht kochen, den abgetropften Kohl darunterrühren, mit etwas Pfeffer abschmecken und dann erst die Sahne darübergießen.

Rote Bete mit Meerrettich

200 g gekochte rote Bete / 2 EL abgetropfter Joghurt / 2 TL gemahlener Meerrettich / Zitronensaft / Salz / Pfeffer

Die vorgekochte rote Bete raspeln und mit dem abgetropften Joghurt und dem Meerrettich mischen. Mit Pfeffer, Salz und etwas Zitronensaft abschmecken. Das Gemisch warm werden lassen und zu Kartoffelpüree mit gekochtem Ei reichen. Wenn keine Meerrettichwurzel vorhanden ist, kann man auch geriebene Apfelsinenschale unter den Joghurt rühren.

Gekochter Reis paßt sehr gut zu diesem Gericht.

Gedünstete Zucchini

200 g Zucchini / etwas Butter / Salz / Pfeffer / 1 EL feingeschnittenes Grün: Sauerampfer mit Petersilie, feingehackter Dill oder feingehackte Minze nach Wahl

Die Zucchini schälen (nehmen Sie nur kleine, dünne Zucchini, da diese am besten schmecken; die großen, dicken haben viel weniger Geschmack) und in Würfel schneiden. Butter in einem Topf erwärmen, die Zucchini hineinlegen, kurz schmoren lassen und etwas Wasser, Pfeffer und Salz hinzufügen. Den Topf verschließen und das Gemüse ungefähr 10 Minuten garen. Zum Schluß die grünen Kräuter darüberstreuen.

Gedünstete Gurken

1/2 Gurke (die andere Hälfte für den nächsten Tag für Salat oder als Brotbelag aufheben) / etwas Butter / Pfeffer / Salz / Dillspitzen (wenn kein frischer Dill vorhanden ist, kann man auch getrockneten nehmen)

Die Gurken schälen und halbieren, entkernen und in kleine Würfel schneiden.

Etwas Butter in einem Topf erwärmen, die Gurkenstücke hinzufügen, kurz umrühren, den Topf mit einem Deckel verschließen und die Gurke ungefähr 12 Minuten garen. Mit Pfeffer und Salz abschmecken und die Dillspitzen oder die gehackte Petersilie darüberstreuen. Dieses mild schmeckende Gemüse paßt zu Omelette, Reis oder Kartoffelpüree.

Rotkohl

250 g feingeschnittener Rotkohl / 1 kleine Zwiebel / Zitronensaft / Apfelsinensaft / 1 Nelke / 1 Apfel / etwas Honig

Den feingeschnittenen Rotkohl in Apfelsinensaft mit etwas Zitronensaft, einer Nelke, dem geschälten, in Stücke geschnittenen Apfel und der kleingeschnittenen Zwiebel in ungefähr 25 Minuten garkochen.

In den letzten 5 Minuten das Gemüse im offenen Topf kochen, damit die überschüssige Flüssigkeit verdampfen kann. Mit Honig abschmecken und zu Reis oder Kartoffeln essen.

Brechbohnen mit Semmelbröseln

250 g Brechbohnen / 1 EL Butter und/oder Öl / 2 EL grobe Semmelbrösel / 1 hartgekochtes Ei, gepellt und feingehackt / Pfeffer / Salz / Muskatnuß / Bohnenkraut

Die gewaschenen, geputzten und in Stücke geschnittenen Bohnen in wenig Wasser mit etwas Salz ungefähr 30 Minuten garkochen und zusammen mit dem Bohnenkraut, sofern vorhanden, abtropfen lassen. Das Kochwasser für eine Suppe oder Soße aufheben oder auch sofort trinken, damit keine wertvollen Mineralien verlorengehen.

Butter und/oder Öl in einer Pfanne erhitzen und unter Umrühren die Semmelbrösel hinzufügen. So lange bei niedriger Flamme umrühren, bis die Semmelbrösel aromatisch duften und hellbraun und heiß sind. Dann werden die Semmelbrösel über die abgetropften Bohnen gestreut, ebenso das feingehackte Ei. Zum Schluß mit Pfeffer und Muskatnuß würzen.

Rosenkohl mit Joghurt

300 g Rosenkohl / Pfeffer / Salz / 2 EL abgetropfter Joghurt

Den Rosenkohl putzen und 10 Minuten lang in wenig Wasser mit etwas Salz kochen, bis er fast gar ist. Das Kochwasser abgießen und aufheben oder sofort trinken. Anschließend den abgetropften Joghurt hinzufügen und vorsichtig umrühren, bis der Rosenkohl den Joghurt fast aufgenommen hat. Mit Pfeffer und Salz würzen und dazu Reis oder Kartoffelpüree essen.

Lauch, gratiniert

400 g Lauch / 1 TL Mehl / Salz / Pfeffer / 1 TL Essig / 75 g Käse in Scheiben

Den Lauch putzen, in Längsrichtung halbieren und in 2-3 cm dicke Streifen schneiden. Mit etwas Wasser und Salz aufsetzen und etwa 7 Minuten kochen lassen. Das Mehl mit etwas Wasser zu einem Brei verrühren. Den Lauch im Topf zur Seite schieben und den Mehlbrei in die Kochflüssigkeit gießen. Gut umrühren, bis die Flüssigkeit gebunden ist. Dann die Mehlsoße mit dem Gemüse vermischen. Mit Pfeffer und etwas Essig abschmecken. Zum Schluß das Gemüse mit dem Käse belegen und im geschlossenen Topf noch etwa 3-5 Minuten kochen lassen.

Gebratene Möhren

200 g kleine junge oder auch Wintermöhren / Salz / Petersilie / Öl zum Braten

Die Möhren sorgfältig putzen und in ungefähr 1 cm dicke Scheiben schneiden. Dann die Möhrenscheiben ungefähr 7 Minuten in wenig Wasser mit etwas Salz kochen, bis sie fast gar sind. Gut abtropfen lassen; das Kochwasser kann sofort getrunken werden. Die abgetropften Möhrenscheiben mit einem Geschirrtuch sorgfältig abtrocknen.

Etwas Öl in einer Pfanne erhitzen und die Scheiben auf beiden Seiten braun braten. Zum Schluß die Möhren mit etwas Salz und Pfeffer bestreuen und zu Reis essen. Noch besser schmekken die Möhren, wenn man sie mit etwas Zitronensaft beträufelt und mit einem frischen Salat ißt.

Weißkohl, süßsauer

250 g feingeschnittener Weißkohl / 1 EL Essig oder Zitronensaft / 2 EL Wasser / 1/2 EL Honig / Salz / Pfeffer / 1 EL Butter und/oder Öl / 1/2 Kartoffel

Die Butter in einem Topf schmelzen und den feingeschnittenen Weißkohl dazugeben. Kurz schmoren lassen und dann das Gemisch von Essig oder Zitronensaft und Wasser sowie etwas Salz und Pfeffer dazugeben. Das Ganze im verschlossenen Topf ungefähr 20 Minuten lang kochen, bis es fast gar ist. Honig und die geschälte, geraspelte Kartoffel hinzufügen. Nach weiteren 10 Minuten Kochzeit ist alles gebunden und kann serviert werden.

Sauerkraut, einmal anders

200 g Sauerkraut / 1 Apfel / 1 kleine Zwiebel / etwas Öl / 1/2 TL Kümmel / Butter und/oder Öl

Öl und/oder Butter in einer Pfanne erhitzen und den Kümmel darin „springen“ und aromatisch werden lassen. Dann die geschälte, feingehackte Zwiebel und den geschälten Apfel hinzufügen, und zum Schluß das Sauerkraut und etwas Wasser dazugeben.

Das Sauerkraut in dem verschlossenen Topf in ungefähr 25 Minuten gar werden lassen.

Mit Kartoffeln servieren.

Auch Salat gehört dazu

Gemüse schmeckt oft am besten roh in Form von frischen Salaten. Wem nur beschränkte Kochmöglichkeiten zur Verfügung stehen, weiß darüber hinaus zu schätzen, daß bei der Zubereitung von Salat nichts gekocht werden muß. Man muß den Salat lediglich waschen, abtropfen lassen, eventuell klein schneiden, in eine Schüssel geben und mit einer Salatsoße anmachen.

Doch es gibt Ausnahmen: Kartoffelsalat beispielsweise wird immer nur aus gekochten Kartoffeln (Rezept S. 49) zubereitet. Auch Salate aus Hülsenfrüchten werden aus gekochten Hülsenfrüchten hergestellt, und Salate aus feingeschnittenem Rot-, Weiß- oder Rosenkohl schmecken am besten, wenn man das Gemüse vorher kurz blanchiert. Beim Blanchieren gießt man soviel kochendes Wasser auf den Kohl, daß er bedeckt ist. Nach dem Abkühlen gießt man das Wasser ab und bereitet den Kohl auf gewohnte Weise mit einer Salatsoße zu.

Kohlsalat gewinnt an Geschmack und wird leichter verdaulich, wenn man einen Teelöffel Kümmel darüber streut, bevor man ihn mit kochendem Wasser übergießt. Der Kümmel wird nicht mit abgegossen, er bleibt im Salat.

Nun aber zunächst etwas zum Thema Salatsoßen.

Vinaigrette

Die einfachste Salatsoße, die nie langweilig wird, zu allen Gemüsesorten paßt und von der man gleich einen größeren Vorrat für mehrere Mahlzeiten zubereiten kann, ist die Vinaigrette.

Man benötigt eine Flasche mit einem gut schließenden Verschluß, die gründlich gereinigt ist. Da hinein gibt man:

3 Teile Öl (z.B. Sonnenblumenöl) / 1 1/2 Teile Naturessig / etwas Salz / Pfeffer / 1 TL Senf

Die Flasche wird mit den Zutaten im obengenannten Verhältnis gefüllt, bis sie fast voll ist. Sie wird verschlossen und kräftig geschüttelt. Dadurch vermischt sich das Öl mit dem Essig, und es entsteht ein dickflüssiges Gemisch, das man über den Salat gießen kann.

Diese Vinaigrette ist wochenlang haltbar. Man darf nur keine feingehackte Zwiebel oder Knoblauch untermischen, da die Soße dann nach ein paar Tagen ihr feines Aroma verliert. Zwiebeln und/oder Knoblauch werden aus diesem Grunde erst im letzten Augenblick in den Salat gegeben.

Vor allem für diejenigen, die wenig Platz haben, ist die Vinaigrette die einfachste Salatsoße: immer zur Hand, immer fertig.

Salatsoße mit Ei

1 hartgekochtes Ei / 1/2 TL Senf / 3 EL Öl /
1 1/2 EL Essig oder Zitronensaft / Pfeffer / Salz

Das Ei sehr fein zerdrücken, Senf, Salz und Pfeffer hinzufügen und dann erst unter langsamem Umrühren das Öl hinzugeben. Zum Schluß noch den Essig untermischen. Diese Salatsoße kann ein paar Tage lang in einem gut verschlossenen Behälter an einem kühlen Ort aufbewahrt werden, jedoch nicht außerhalb des Kühlschranks wie die Vinaigrette.

Salatsoße mit Quark oder abgetropftem Joghurt

2 EL Quark oder abgetropfter Joghurt /
1/2 EL sehr fein geschnittene Zwiebel / 1/2 EL Zitronensaft /
1 EL Sonnenblumenöl / Salz / Pfeffer /
eventuell etwas Sojasoße

Den abgetropften Joghurt oder den Quark sorgfältig mit dem Zitronensaft verrühren. Pfeffer und Salz nach Geschmack hinzufügen, eventuell noch etwas Sojasoße, und zum Schluß das Öl darunterrühren. Kurz vor dem Verzehr das Ganze mit feingeschnittener Zwiebel vermischen.

Salatsoße mit Mayonnaise

Wer Mayonnaise im Haus hat, kann sehr schnell eine Salatsoße zubereiten. Man verwendet dazu:

1 Teil abgetropfter Joghurt / 1 1/2 Teile Mayonnaise

Eventuell noch etwas Pfeffer, Salz, Zucker, feingeschnittene Zwiebel oder grüne Kräuter hinzufügen, je nach Geschmack.

Für alle grünen Salate benötigt man ungefähr 100 g Salat pro Person. Es ist sinnvoll, wenn man den Salat schon morgens wäscht und mit dem nicht abgetropften Wasser in eine hochwandige Schüssel legt. Abends kann man dann das Wasser, das abgetropft ist, einfach wegschütten, ohne daß man mit Sieben und ähnlichem hantieren muß. Die Blätter sind nach wenigen Stunden trocken und können sofort mit der Salatsoße angerichtet werden.

Alle grünen Salate werden erst während der Mahlzeit mit der Salatsoße vermischt. Dann schmecken sie am besten, und die Blätter bleiben knackig.

Chicoréesalat

Dieser Salat schmeckt am besten, wenn er mit anderen Zutaten kombiniert wird.

100 g Chicorée, feingeschnitten / 1/2 geraspelter Apfel (der sofort mit der Salatsoße vermischt wird, damit er sich nicht verfärbt) / 1/2 EL feingehackte Nüsse

Alle Zutaten gut vermischen.

Kohlsalat

100 g sehr feingeschnittener Kohl / 1 TL Kümmel / kochendes Wasser / Salatsoße

Den feingeschnittenen Kohl und den Kümmel mit kochendem Wasser übergießen. Abkühlen lassen und mit der gewünschten Salatsoße vermengen. Kohlsalat kann notfalls auch einen Tag vor dem Verzehr angemacht werden. Man kann diesen Salat also gleich für zwei Tage zubereiten und den Rest bis zum nächsten Tag in einem gut verschlossenen Behälter aufbewahren.

Knollenselleriesalat

100 g geschälte, in Würfel geschnittene Knollensellerie, z.B. Reste von gekochtem Sellerie, von dem man schon eine Suppe zubereitet hat / 1/2 Apfel / Salatsoße nach Wunsch

Dieser Salat kann auch am Vortag zubereitet werden, z.B. gleich nach den Kochen der Sellerieknolle.

Sauerkrautsalat

75 g Sauerkraut, abgetropft und feingeschnitten / 1/2 Apfel, feingeraspelt / 1/2 EL gehackte Nüsse / Salatsoße

Das feingeschnittene Sauerkraut sofort mit dem geraspelten Apfel vermischen, um eine Verfärbung des Apfels zu verhindern. Etwas Salatsoße unterrühren und die gehackten Walnüsse darüberstreuen. Auch dieser Salat kann ohne weiteres ein oder zwei Tage lang in einem gut verschlossenen Behälter an einem kühlen Ort aufbewahrt werden.

Paprikasalat

1 rote, gelbe oder grüne Paprika / Salatsoße

Die gewaschene Paprikaschote halbieren, entkernen, in kleine, gleichgroße Würfel schneiden. Die Würfel entweder sofort mit der Salatsoße übergießen oder zuerst blanchieren, d.h. mit kochendem Wasser übergießen, das nach dem Abkühlen abgegossen wird. Dadurch erhält die Paprika einen milden Geschmack und wird weicher.

Tomatensalat

1 große Tomate / Salatsoße / 1 EL feingeschnittene Zwiebel

Die Tomate kurz in kochendes Wasser tauchen, dann schälen und in Scheiben schneiden. Etwas Salatsoße nach Wunsch darübergießen und den Salat großzügig mit Zwiebelstückchen bestreuen. Das ist sehr lecker.

Gurkensalat

1 Stück Gurke (100 g) / Pfeffer / Salz / Zitronensaft / feingehackte Dillspitzen (falls vorhanden) oder etwas feingehackter Schnittlauch

Die Gurke waschen und in dünne Scheibchen hobeln. Die Scheiben mit Salz bestreuen und mindestens eine halbe Stunde lang in einer Schüssel ziehen lassen. Die überschüssige Flüssigkeit abgießen (das ist zwar schade, aber der Salat schmeckt so viel besser) und den Salat vor dem Verzehr mit etwas Zitronensaft, Pfeffer und grünen Kräutern vermischen. Kein Öl verwenden, da die Gurke so viel besser verdaulich ist.

Wenn man das Öl nicht missen will: Gurkensalat kann auch zubereitet werden, indem man die Scheiben kurz vor dem Essen mit einer Salatsoße nach Wunsch anmacht.

Salat aus Hülsenfrüchten

100 g gekochte, abgetropfte Hülsenfrüchte nach Wahl / 1 kleine Zwiebel / 1 kleine Gurke / Salatsoße nach Wunsch (Vinaigrette schmeckt am besten!)

Die abgetropften Hülsenfrüchte mit genügend Salatsoße vermischen, um einen frischen Geschmack zu erhalten. Die Zwiebel ebenso wie die Gurke sehr fein hacken und beides mit den Hülsenfrüchten vermischen. Dieser Salat kann ohne weiteres ein oder zwei Tage an einem kühlen Ort aufbewahrt werden.

Soße ist nicht gleich Soße

Soßen spielen eine wichtige Rolle in der vegetarischen Küche, und es gibt so viele unterschiedlich schmeckende Soßen. Dabei ist zu bedenken, daß eine Soße, die zum einen Gericht vorzüglich schmeckt, zu einem anderen möglicherweise überhaupt nicht paßt. Man muß daher sehr auf Kombinationen achten.

Im allgemeinen kann man milde, helle Soßen am besten mit ebenfalls mild schmeckenden Gerichten wie Stampfkartoffeln mit frischem grünem Gemüse, Kartoffelpüree mit mild schmekkendem Gemüse, Reis mit Omelette oder gebratenem Käse kombinieren.

Dunkle herzhafte Soßen passen zu herzhaften Gerichten, z.B. zu Kartoffeln mit Gemüse, das einen starken Eigengeschmack hat wie Rosenkohl, verschiedene Kohlsorten, Zwiebeln usw..

Tomatensoße paßt zu allen gekochten Teigwaren, schmeckt aber auch sehr gut zu Reis, Hirse oder Buchweizen, und Käsesoße wird ebenso wie die helle Soße mit milden Gerichten kombiniert.

Süßsaure Soßen wie Rosinensoße schmecken gut zu süßsauren Gemüsesorten wie Rote Bete, Rotkohl oder süßsauer zubereitetem Weißkohl.

Unter Berücksichtigung dieser Hinweise kann man sich eventuell gleich die dreifache Portion einer Soße zubereiten. Diese kann dann an einem kühlen Ort in einem gut verschlossenen Marmeladenglas ungefähr vier Tage lang aufbewahrt werden.

In diesem Fall richtet man sich bei der Wahl des Hauptgerichts nach der vorhandenen Soße, wie am folgenden Beispiel deutlich wird:

Ich bereite die dreifache Menge Tomatensoße zu. Am ersten Tag esse ich die Soße zu gekochten Makkaroni mit geraspeltem Käse, am zweiten Tag zu gekochtem Reis mit Endiviensalat und am dritten Tag zu Kartoffeln mit gekochtem Chicorée, der sich hervorragend mit Tomatensoße kombinieren läßt.

So kann man für jede Soße die verschiedensten Kombinationen entdecken. Für jeden Geschmack ist etwas dabei. Und die Erdnuß- oder Nußsoßen lassen sich mit fast allen Kartoffel- und Getreidegerichten kombinieren.

Helle Soße (Bechamelsoße) für drei Mahlzeiten

3 EL Butter oder Margarine / 2 EL Mehl / 150 ml Milch / 200 ml Gemüsebrühe / Nelken / Thymian / Lorbeer / Pfeffer / Salz / eventuell ein Eidotter

Die Milch mit der Brühe und den Gewürzen ungefähr eine Viertelstunde lang ziehen lassen. Butter oder Margarine in einem großen Stieltopf erwärmen und unter Umrühren das Mehl dazugeben. Alles unter ständigem Umrühren schmoren lassen, dann den Topf vom Feuer nehmen und die heiße Brühe-Milch-Mischung hinzugießen, aus der vorher die Gewürze herausgesiebt worden sind.

Alles wieder auf den Herd stellen, dabei weiter umrühren und das Gemisch 7 Minuten durchkochen lassen. Wenn die Soße zu dick ist, gibt man etwas Milch hinzu. Falls gewünscht, kann man die Soße noch anreichern, indem man in der Soßenschüssel einen Eidotter verquirlt und die heiße Soße darüber gießt. Dann kann man die Soße allerdings nicht mehr aufwärmen.

Grüne Soße

In einen Teil der Bechamelsoße (siehe Rezept S. 77, ohne Eidotter) werden 1 1/2 EL feingeschnittene grüne Kräuter wie Petersilie, Sellerie, Kerbel und Estragon eingerührt. Das ganze mindestens 2 Minuten ziehen lassen.

Meerrettichsoße

Zu einem Teil der Bechamelsoße (siehe S. 77) wird 1/2 EL feingemahlener Meerrettich dazugegeben. Das Ganze wird mit etwas Zitronensaft abgeschmeckt und zu einem herzhaften Gericht, z.B. zu einem Kohlgericht oder zu gekochten Hülsenfrüchten, serviert.

Albertsoße

Den Topf mit einem Teil der Bechamelsoße (siehe S. 77) vom Feuer nehmen und 1/2 EL feingeschnittene Silberzwiebeln, 1 TL Senf, 1 TL feingeraspelte Meerrettichwurzel und 1/2 EL Petersilie unterrühren.

Diese erfrischende, scharfe Soße paßt gut zu Rote Bete, gekochten Kohlrüben, Knollensellerie, aber auch zu gekochtem Reis.

Tomatensoße

In einem Teil der Bechamelsoße (siehe S. 77) werden 1 1/2 EL Tomatenmark und 1 EL Sahne eingerührt. Das Ganze wird erwärmt, aber nicht gekocht und mit Pfeffer, Oregano, Salz und eventuell etwas Zucker abgeschmeckt.

Diese Soße ist sehr lecker zu gekochten Teigwaren, gekochtem Reis und zu Kartoffelpüree mit Omelette.

Braune Soße

Die braune Soße ähnelt den hellen Soßen. Auch sie wird auf der Grundlage einer Mehlschwitze zubereitet, nur wird die Mehlschwitze in diesem Fall länger erhitzt, so daß das Mehl dunkler wird. Außerdem werden meist kräftige Gewürze beigefügt.

3 EL Butter und/oder Öl / 2 EL Mehl /
400 ml herzhafte Gemüsebrühe, in der man nach Belieben
1 Nelke, 1 Stückchen Lorbeerblatt und eine Prise Thymian
hat ziehen lassen.

Das Öl und/oder die Butter in einem großen Stieltopf erwärmen und das Mehl hinzufügen. Alles unter ständigem Umrühren langsam goldbraun, auf keinen Fall jedoch dunkler werden lassen, da die Soße sonst bitter wird. Den Topf vom Herd nehmen und die herzhafte Brühe dazugeben. Währenddessen alles mit dem Schneebesen schlagen, den Topf wieder auf das Feuer setzen und die Soße 7 Minuten ganz leicht kochen lassen. Dabei aufpassen, daß die Soße nicht anbrennt.

Herzhafte Tomatensoße

In einen Teil der braunen Soße (siehe S. 79) werden 2 EL Tomatenmark eingerührt. Das Ganze wird erwärmt, aber nicht mehr gekocht.

Currysoße

1 Apfel / 1 EL feingehackte Zwiebel / 2 EL Curry /
3 EL Butter und/oder Öl / 2 EL Mehl /
400 ml vegetarische Brühe

Das Öl und/oder die Butter in einem großen Stieltopf erhitzen, die Zwiebel dazugeben und das Ganze schmoren, bis die Zwiebel glasig ist. Dann den Curry hineinstreuen, anschließend den geschälten und geraspelten Apfel. Auch den Apfel kurz schmoren lassen und erst dann das Mehl darunterrühren. Nur leicht bräunen (nicht zu dunkel werden lassen) und den Topf vom Feuer nehmen. Unter ständigem Schlagen mit dem Schneebesen die kochendheiße Brühe hinzufügen. Den Topf wieder auf den Herd stellen, ab und zu umrühren und die Soße weitere 7 Minuten köcheln lassen.

Currysoße mit Rosinen

1 Zwiebel / 2 TL scharfer Curry / 3 EL Öl und/oder Butter/ 2 EL Mehl / 2 EL Rosinen (die vorher eingeweicht worden sind) / 400 ml kräftige vegetarische Brühe

Die Zwiebel schälen und feinhacken. Öl und/oder Butter in einem großen Stieltopf erhitzen, die feingehackte Zwiebel hinzufügen und glasig werden lassen; anschließend Curry hineinstreuen, danach erst das Mehl.

Das Mehl unter ständigem Umrühren leicht bräunen, aber nicht anbrennen lassen. Den Topf vom Feuer nehmen und die heiße Brühe dazugießen. Die abgetropften, eingeweichten Rosinen dazugeben und alles 7 Minuten lang leicht kochen. Diese Soße schmeckt zu Getreidegerichten, verschiedenen Kohlsorten oder zu Rote Bete sehr lecker.

Erdnußsoße

1 große Zwiebel / 1 EL Öl / 5 EL Erdnußbutter / 2 EL Sojasoße / etwas gemahlenen Ingwer oder ein Stück kandierter Ingwer / 1 kleines Lorbeerblatt / Salz / Zitronensaft / eventuell 1/2 EL Sambal Olek (was die Soße allerdings sehr scharf macht und nicht allen schmeckt) / 400 ml vegetarische Brühe

Das Öl in einem großen Stieltopf erhitzen, die geschälte und sehr fein gehackte Zwiebel hinzufügen und im Öl glasig werden lassen. Anschließend die Erdnußbutter dazugeben sowie den gemahlenen Ingwer oder ein feingehacktes Stückchen kandierten Ingwer, die heiße Brühe, das Lorbeerblatt und die Sojasoße.

Alles ungefähr 12 Minuten lang leicht kochen lassen; währenddessen hin und wieder umrühren. Mit Zitronensaft und Salz und eventuell noch mit etwas Sambal Olek abschmecken.

Diese Soße paßt zu gekochtem Reis, zu Stampfkartoffelgerichten mit Grünkohl oder zu Kartoffeln mit Grünkohl.

Nußsoße

In den Naturkostläden kann man Nußmus kaufen, das man in gleicher Weise wie die Erdnußbutter im vorigen Rezept verwenden kann.

Die Soße erhält dadurch einen feineren Geschmack und kann daher - ohne Sambal Olek - mit vielen Gemüsegerichten und mit Kartoffeln kombiniert werden, ebenso wie mit gekochtem Reis.

Schnelle Käsesoße

Im Gegensatz zu den anderen Soßenrezepten ist dieses Rezept nur für eine Mahlzeit gedacht. Die Soße läßt sich nämlich so schnell und einfach zubereiten, daß es kaum lohnt, gleich mehrere Portionen herzustellen.

50 g Weichkäse / 100 ml Milch

Die Milch in einem Stieltopf zum Kochen bringen und unter ständigem Umrühren den Käse hinzufügen. So lange umrühren, bis der Käse aufgelöst ist. Diese Soße kann zu Reis oder Kartoffeln mit gekochtem Blattgemüse serviert werden.

Sie läßt sich variieren durch Unterrühren von Schnittlauch, Petersilie oder Sellerie oder durch Hinzufügen von rotem Paprikapulver.

Rosinensoße für eine Mahlzeit

1 EL Butter oder Margarine / 1 EL Mehl /
30 g eingeweichte und abgetropfte Rosinen / 150 ml Milch /
vegetarische Brühe / Zitronensaft / Pfeffer /
feingeschnittenes Selleriegrün / eventuell Nelken

Die Butter in einem Stieltopf erhitzen, das Mehl hineingeben und leicht bräunen lassen. Den Topf vom Herd nehmen, die heiße Milch mit der darin aufgelösten Brühe dazugießen und den Topf erst dann wieder aufsetzen, wenn alles gut vermischt ist. Die eingeweichten und abgetropften Rosinen sowie etwas Zitronensaft hinzufügen.

Alles 7 Minuten lang auf kleiner Flamme brutzeln lassen. Zusätzlich mit Nelken würzen, wenn diese Soße zu roter Bete oder Rotkohl gegessen werden soll. Zu braunen Bohnen, Linsen oder Erbsen wird die Soße ohne Nelken zubereitet.

Minzesoße

Wer Glück hat und im Sommer an frische grüne Minze kommen kann, sollte sich auf jeden Fall selbst einmal zu grüner Minzesoße einladen.

2 EL feingehackte Minzeblätter / Saft einer Zitrone /
2 EL Wasser / 2 EL Honig

Die Zutaten gut vermischen und in ein gut verschließbares Marmeladenglas füllen. Diese delikate Soße paßt zu gekochten Hülsenfrüchten oder zu trockengekochtem Reis. An einem kühlen Ort kann die Soße 7 Tage aufbewahrt werden.

Gurkensoße

1/2 (kleine) Gurke / 1 EL feingehackte Zwiebel / 1 TL Curry / 1 EL Öl / 1 TL Senf / 1 EL Mehl / 200 ml scharfe vegetarische Brühe / eventuell 1 EL feingehackter Dill oder Petersilie

Das Öl in einem Stieltopf erhitzen und die feingehackte Zwiebel hinzufügen. Die Zwiebel glasig werden lassen, den Curry dazugeben und anschließend die geschälte, entkernte und in Scheiben gehobelte Gurke. Alles schmoren lassen, bis die Gurke gar ist, dann das Mehl hineinstreuen. Den Topf vom Herd nehmen und unter ständigem Umrühren die heiße Brühe dazugießen.

Den Topf wieder aufs Feuer setzen und alles weitere 7 Minuten leicht schmoren lassen. Vor dem Servieren Dillspitzen oder Petersilie darüberstreuen.

Dies ist eine sehr schmackhafte Soße zu neuen Kartoffeln und Reis.

Außer diesen warmen Soßen gibt es auch noch die kalten Soßen auf der Basis von Mayonnaise und/oder Quark oder abgetropftem Joghurt. Solche Soßen passen sehr gut zu gebratenen Gerichten wie gebratenen, panierten Blumenkohlröschen, Bratkartoffeln mit Spiegelei, Kartoffelplätzchen und ähnlichem.

Die Grundlage dieser Soßen ist Mayonnaise, und da die Zubereitung von Mayonnaise nicht immer gelingt, ist es einfacher, sie fertig zu kaufen. Für alle, die sie dennoch selber machen möchten, folgt hier ein Rezept für hausgemachte Mayonnaise.

Hausgemachte Mayonnaise

Sie wird nur dann gelingen, wenn alle Zutaten die gleiche Temperatur haben. Das Ei sollte also schon morgens aus dem Kühlschrank genommen und neben die Ölflasche gelegt werden. Außerdem muß das Öl am Anfang Tropfen für Tropfen hinzugegeben werden, da die Mayonnaise sonst gerinnt.

Und so wird es gemacht:

1 Eidotter / Salz / Pfeffer / etwas Senf /
1 1/2 EL Essig / 250 ml Öl

Das Eidotter wird in einer großen Schüssel mit etwas Pfeffer, Salz und Senf verquirlt. Einen Eßlöffel Essig darunterschlagen und unter ständigem Schlagen mit dem Schneebesen das Öl tropfenweise hinzufügen. Es wird erst dann wieder neues Öl hinzugefügt, wenn das hineingegebene Öl vollkommen aufgenommen ist.

Nach einer Weile wird der Rest des Essigs hineingegossen. Dann wird weiterhin Öl dazugegeben, bis das Öl ganz aufgenommen und eine cremeartige goldgelbe Substanz entstanden ist. Die Mayonnaise mit Salz und Pfeffer abschmecken und in ein gründlich gesäubertes Marmeladenglas mit einem gut schließenden Deckel füllen.

An einem kühlen Ort hält sich die Mayonnaise ungefähr 3 Wochen lang. Im Kühlschrank kann sie eventuell gerinnen, es sei denn, man bewahrt sie im Gemüsefach auf. Diese Mayonnaise dient als Grundlage für verschiedene Soßen.

Quarksoße

100 ml Quark / 100 ml Mayonnaise / Zitronensaft / 1/2 EL feingehackte Kräuter oder 1/2 EL Tomatenmark

Alle Zutaten sorgfältig mischen und als Soße zu gebratenen Gerichten oder zu Salat, der nicht angemacht wird, reichen.

Joghurtsoße

100 ml Joghurt / 100 ml Mayonnaise / Zitronensaft / Honig

Alle Zutaten verrühren und zu gebratenen Gerichten oder Salaten reichen.

Currymayonnaise mit Mandarinen

150 ml Mayonnaise / 1/2 TL Curry / 1 EL Mandarinen / 1/2 EL gehackte geröstete Mandeln / 1 TL Butter oder Margarine

Die Butter oder Margarine in einer Pfanne erhitzen, die Mandelsplitter hinzufügen und rösten, bis sie goldgelb sind. Den Curry darüberstreuen. Alles abkühlen lassen und Mayonnaise und Mandarinen daruntermischen. Diese Soße schmeckt ausgezeichnet zu Reis oder zu Chicoréesalat.

Das Omelette, einfach und lecker

Für Leute mit wenig Platz, die nur eine oder höchstens zwei Kochplatten zur Verfügung haben, ist das Omelette eine willkommene Alternative, da es einfach und schnell zubereitet werden kann, mit den unterschiedlichsten Zutaten kombinierbar ist und beinahe unendlich viele Varianten zuläßt.

Herzhafte Omelettes können sehr gut mit Vollkornbrot, Roggenbrot, Knäckebrot oder Baguettes, Salat und eventuell etwas Butter gegessen werden. Sie schmecken aber auch sehr gut zu Kartoffelpüree, Salat oder Gemüse der jeweiligen Jahreszeit, zu gekochtem oder gebratenem Reis und - für alle, die fette Speisen mögen - zu Bratkartoffeln und Pommes Frites. Süße Omelettes sind ausgezeichnete Nachspeisen nach einem Teller nahrhafter Suppe oder nach einem einfachen Gemüsegericht.

Außerdem läßt sich ein Omelette einfach und schnell zubereiten, ohne daß allzu viele Kochgerüche im Zimmer hängen bleiben, und nicht zuletzt ist es sehr preiswert. Eier sind noch immer eine der preiswertesten Eiweißquellen hierzulande, selbst wenn man sich für die etwas teureren Eier von freilaufenden Hühnern entscheidet. Und wer möchte das nicht? Wenn man ißt und genießt, möchte man sich doch nicht gerne an der Tierquälerei der Agrarindustrie mitschuldig machen, die uns die Eier liefert.

Außer Eiern und einigen anderen Zutaten benötigt man für das Backen eines Omelettes eine Pfanne für eine Person, also eine kleine Pfanne, die am besten nur für das Backen von Eiern und eventuell von Pfannkuchen verwendet wird. Dazu braucht man eine Schüssel, um das Ei zu verquirlen (die Schüssel darf nicht aus Aluminium sein, da die Eier dann eine gräuliche Färbung annehmen), eine große Gabel oder einen kleinen Schneebesen zum Verquirlen der Eier sowie einen Pfannkuchenheber oder notfalls ein breites Küchenmesser.

Für das sogenannte gefüllte Omelette wird die Füllung vorher zubereitet und auf einer zweiten Platte oder in einer feuerfesten Schale auf einem Stövchen warmgehalten. Denn wenn das Omelette gebacken ist, muß es sofort gegessen werden.

Will man beispielsweise Reis oder Kartoffelpüree zum Omelette servieren und hat nur eine einzige Flamme zur Verfügung, muß man zuerst den Reis oder die Kartoffeln zubereiten, auf einem Stövchen warmhalten und dann erst das Omelette backen.

Salat als Beilage wirft natürlich keine Probleme auf. Er braucht nicht warmgehalten zu werden und wird kurz vor der Zubereitung des Omelettes angemacht.

Grundrezept Omelette

1 Ei / 1 EL Milch oder Wasser / 1/2 EL Butter oder Margarine / Pfeffer und Salz nach Geschmack

Das Ei mit Milch oder Wasser und Pfeffer und Salz nach Geschmack verquirlen. Butter oder Margarine in der Pfanne schmelzen und heiß, aber nicht braun werden lassen. Die Eier noch einmal kurz umrühren, bevor sie in die Pfanne kommen.

Die Eimasse in die Pfanne gießen und ziemlich schnell stokken lassen. Währenddessen durch schnelle Bewegungen mit dem Pfannkuchenheber oder mit einem breiten Messer die Masse vom Boden lösen. Dabei muß man dafür sorgen, daß jedesmal wieder eine neue Menge flüssiger Eimasse mit dem Pfannenboden in Berührung kommt und stockt. Das hört sich vielleicht schwierig an, aber in der Praxis ist es kein Problem.

Wenn die Eimasse ganz und gar fest ist, aber noch glänzt, muß man kurz die Farbe des Omelettes auf der Unterseite überprüfen. Die Farbe ist eine Frage des Geschmacks. Manche finden ein goldgelbes Omelette am leckersten, andere bevorzugen ein Omelette, dessen Unterseite hellbraun ist.

Wenn die gewünschte Farbe noch nicht erreicht ist, muß man die Pfanne kurz auf großer Flamme stehen lassen. Währenddessen muß das Omelette hin und her bewegt werden.

Wenn es fertig ist, wird es umgeklappt und auf einen - am besten vorgewärmten - Teller gelegt.

Man füllt ein Omelette, indem man die Füllung auf die Hälfte des Omelettes verteilt und es erst dann umklappt.

Wer gerne ein glänzendes Omelette hat, kann dieses am Schluß hauchdünn mit Butter bestreichen. Die geschmolzene Butter sorgt für den gewünschten Effekt.

Omelette mit Champignonfüllung

1 Omelette nach Grundrezept (S. 91) / 50 g Champignons / 1 Stückchen Zwiebel, sehr fein geschnitten / 2 TL Butter oder Margarine / 1 EL Milch / Salz / Pfeffer / Zitronensaft / Petersilie

Die Champignons waschen, in kleine Stücke schneiden und sofort mit etwas Zitronensaft beträufeln. Die Butter in einer Pfanne erwärmen (wenn möglich nicht in der Omelettepfanne), und die sehr feingehackte Zwiebel hineinstreuen. Kurz schmoren lassen, die Champignons hinzufügen und unter Umrühren 5 Minuten garen. Ab und zu etwas Milch oder Sahne dazugeben und die Flüssigkeit wieder verdampfen lassen. Mit Pfeffer und Salz abschmecken. Falls vorhanden, etwas Petersilie darüberstreuen und das Omelette mit diesem Gemisch füllen.

Omelette mit Sauerampfer, Spinat oder Brennesseln

1 Omelette nach Grundrezept (S. 91) / 50 g Sauerampfer, Spinat oder Brennesselspitzen oder eine Mischung daraus / 1 TL feingehackter Schnittlauch / 1 TL Sahne / etwas Butter oder Margarine / Pfeffer und Salz nach Geschmack

Das Grün waschen und kleinschneiden. Etwas Butter oder Margarine in einer kleinen Pfanne zerlassen, das Gemüse hineingeben und gut umrühren. Die Pfanne mit einem Deckel oder einem Teller zudecken, und das Grün auf kleiner Flamme ungefähr 7 Minuten garen. Danach die Pfanne vom Feuer nehmen und die Sahne und den Schnittlauch unterrühren. Mit Pfeffer und Salz abschmecken und alles warmhalten, während das Omelette gebacken wird.

Das Omelette wird zur Hälfte mit der Füllung belegt, dann zusammengeklappt und sofort serviert.

Am besten schmeckt es zu Kartoffelpüree oder Reis.

Omelette mit Salat

1 Omelette nach Grundrezept (S. 91) / das Innere eines kleinen Salatkopfs / etwas Butter / 1 TL Mehl / 1 EL Sahne / Pfeffer und Salz nach Geschmack

Die äußeren Blätter des Salats zur Salatzubereitung oder für einen gedämpften Salat verwenden und das gelbe Innere für die Omelettefüllung aufheben. Etwas Butter in einer kleinen Pfanne schmelzen, das feingeschnittene Salatinnere hineinlegen und zugedeckt ungefähr 5 Minuten lang ganz leicht schmoren lassen. Dann den Teelöffel Mehl darunterrühren und anschließend unter Umrühren den Eßlöffel Sahne hinzufügen. Alles heiß werden lassen und ganz kurz schmoren, dabei ständig umrühren. Mit Pfeffer und Salz abschmecken und das Gemisch dann auf die eine Hälfte des Omelettes legen. Dazu schmeckt Kartoffelpüree oder Reis sehr gut.

Omelette mit Tomaten

1 Omelette nach Grundrezept (S. 91) / 1 abgezogene und in Stückchen geschnittene Tomate / 1/2 EL feingehackte Zwiebel / etwas Knoblauchsaft / Salz / Pfeffer / Thymian / Basilikum / Öl zum Braten der Tomaten

Einen halben Eßlöffel Sonnenblumenöl in einer Pfanne erhitzen und die gehackte Zwiebel und etwas Thymian und Basilikum (weniger als eine Messerspitze) hineinstreuen. Alles kurz schmoren lassen, dann erst die abgezogene und in Stückchen geschnittene Tomate dazugeben (zuerst in kochendes Wasser tauchen, dann die Haut abziehen). Das Ganze weitere 5 Minuten schmoren lassen. Mit etwas Knoblauch, Pfeffer und Salz abschmecken.

Das Omelette zur Hälfte damit belegen und zusammenklappen; es ist sehr gut zu gebratenem Reis.

Omelette mit Püree aus Eßkastanien

1 Omelette nach Grundrezept (S. 91) / 3 EL Kastanienpüree / Pfeffer / Salz / vegetarische Brühe / 1/2 EL abgetropfter Joghurt

Wenn man ganze Kastanien verwendet, muß man diese zunächst kreuzweise einschneiden und in reichlich Wasser 30 Minuten lang kochen, schälen und feinstampfen. Kastanienpüree ist auch als Fertigprodukt im Handel erhältlich.

Das Püree mit dem Joghurt mischen, mit Pfeffer, Brühe und eventuell mit Salz abschmecken. Das Ganze kurz aufwärmen und die Hälfte des Omelettes mit der Füllung bestreichen.

Dazu kann man Brot oder noch besser frisch geröstetes Brot servieren.

Omelette mit Sauerkraut

1 Omelette nach Grundrezept (S. 91) / 1 1/2 EL feingeschnittenes Sauerkraut / 1 TL Sonnenblumenöl / 1 Messerspitze Kümmel

Den Kümmel in einer Pfanne mit Sonnenblumenöl erhitzen, bis er aromatisch riecht und in der Pfanne „springt“. Anschließend das feingeschnittene rohe Sauerkraut hinzufügen, kurz anbraten, die Pfanne mit einem Deckel oder einem Teller abdekken und alles 5 Minuten schmoren lassen.

Das Omelette mit diesem frischen Gemisch füllen und mit Kartoffelpüree servieren.

Omelette mit jungen Möhren oder Wintermöhren

1 Omelette nach Grundrezept (S. 91) /
3 EL feingeschnittene Möhren / 1/2 EL feingehackte Zwiebel /
1 TL Butter oder Margarine / eventuell 1 Prise Zucker /
Pfeffer und Salz nach Geschmack /
1 TL feingeschnittene Petersilie

Die Butter in einer Pfanne erhitzen, die feingehackte Zwiebel darin schmoren und die geschnittenen Möhren hinzufügen. Pfeffer, Salz und eventuell etwas Zucker nach Geschmack dazugeben.

Alles gut umrühren, eventuell noch 1/2 EL Wasser dazugießen und dieses Gemisch in einer Viertelstunde gar werden lassen. Die Flüssigkeit sollte vollständig verdampfen. Die Pfanne vom Feuer nehmen, Petersilie darüberstreuen und das Omelette, wie im Grundrezept beschrieben, mit dieser Mischung füllen. Dazu paßt gebratener Reis.

Omelette mit Chicorée

1 Omelette nach Grundrezept (S. 91) / 1/2 Chicorée / 1/2 EL Butter oder Margarine / 1 EL frischer Orangensaft / 1/2 TL brauner Zucker oder Honig / Salz und Pfeffer nach Geschmack

Den bitteren Strunk aus dem Chicorée herausschneiden. Die Hälfte des Chicorées in grobe Stücke schneiden; aus der anderen Hälfte wird ein frischer Salat zubereitet. Die Butter in einer kleinen Pfanne erhitzen, die Gemüsestücke zufügen und anbraten, ohne daß sie sich verfärben. Den Orangensaft darübergießen, damit die Chicoréestücke eine schöne Farbe bekommen, und anschließend Zucker oder Honig dazugeben. Alles ungefähr 7 Minuten lang schmoren, mit Pfeffer und Salz abschmecken und die Hälfte des Omelettes mit dem gargekochten Chicorée belegen. Dazu paßt Kartoffelpüree oder gekochter Reis.

Omelette mit Maiskörnern

1 Omelette nach Grundrezept (S. 91) /
3 EL gekochte Maiskörner /
1 TL Zitronensaft / 1/2 EL abgetropfter Joghurt /
etwas Petersilie und Schnittlauch /
Pfeffer und Salz nach Geschmack

Die Maiskörner in einem kleinen Topf erwärmen und mit Pfeffer, Salz und Zitronensaft abschmecken. Den Topf vom Feuer nehmen und Joghurt und Kräuter darunterrühren. Alles kurz warm werden lassen und ein Omelette damit, wie im Grundrezept beschrieben, füllen. Dazu geröstetes Brot oder Kartoffelpüree servieren.

Außer diesen Omelettes mit Füllung gibt es auch noch Omelettes, bei denen die Füllung vor dem Backen mit dem verquirlten Ei vermischt wird. Manchen erscheint diese Zubereitungsform einfacher. Allerdings sehen diese Omelettes ganz anders aus und haben auch einen ganz anderen Geschmack als die Omelettes mit einer getrennt zubereiteten Füllung.

Auch diese Omelettes können sehr gut zu verschiedenen Brotsorten, zu Kartoffelpüree, Reis, gebratenem Reis oder zu Bratkartoffeln gegessen werden. Ein frischer Salat der Jahreszeit schmeckt natürlich auch sehr gut dazu und sorgt für die nötigen Vitamine und Minerale (siehe Salatrezepte, S. 67ff.).

Für alle, die ihre Mahlzeit schnell und einfach zubereiten wollen, sind diese Omelettes eine passende Lösung.

Der Teig wird in einer Schüssel hergestellt, und mit einem Backvorgang auf einer Platte erhält man ein fertiges Gericht. Natürlich eigenen sich nicht alle Zutaten dazu, vor dem Backen mit dem Teig vermischt zu werden. Manche Zutaten werden aber gerade besonders lecker, wenn man sie auf diese Weise zubereitet.

Grünes Omelette

1 Ei / 1 EL Milch oder Wasser / Butter zum Backen / 1/2 EL feingeschnittene grüne Kräuter wie Petersilie, Schnittlauch, Dill, Estragon, Kerbel

Das Ei sorgfältig mit einem Löffel Wasser oder Milch verquirlen und erst dann die sehr fein geschnittenen grünen Kräuter hinzufügen. Das Feinschneiden ist sehr einfach, wenn man die Kräuter in ein Glas legt und darin mit einer Schere solange schneidet, bis sie ganz fein sind.

Danach die Butter in einer Pfanne erhitzen, das Eigemisch hineingießen und sehr schnell fest werden lassen.

Dabei das Omelette mehrmals mit einem Messer vom Pfannenboden lösen, so daß immer wieder etwas von der noch flüssigen Masse mit dem Pfannenboden in Berührung kommt.

Wenn alles gestockt ist, das Omelette noch kurz ganz fest werden lassen. Zum Schluß das Omelette zusammenklappen und sofort mit Brot, Bratkartoffeln, Kartoffelpüree oder gekochtem Reis servieren.

Käseomelette

1 Ei / 1 EL Wasser oder Milch / 15 g geraspelter oder feingeschnittener Käse, nach Geschmack alt oder jung / Butter zum Backen

Das Ei mit Wasser oder Milch verquirlen und dann den geraspelten oder sehr fein geschnittenen Käse hinzufügen. Die weitere Zubereitung erfolgt wie beim vorigen Rezept (S. 100).

Kerbelomelette

1 Ei / 1 EL Wasser oder Milch / 1 EL grobgehackter Kerbel / 1/2 EL feingehackter Kerbel / Butter zum Backen

Etwas Öl in einer Pfanne erhitzen und den grobgehackten Kerbel darin schmoren lassen, bis dieser weich und glasig ist. Das Ei mit Wasser oder Milch verquirlen, den geschmorten Kerbel dazugeben ebenso wie den frischen feingehackten Kerbel. Gegebenenfalls mit Pfeffer und Salz abschmecken und weiter wie im Rezept Grünes Omelette (S. 100) verfahren.

Champignonomelette

1 Ei / 1 EL Wasser oder Milch / 20 g Champignons / Zitronensaft / Pfeffer / Salz / Butter zum Backen

Die Champignons putzen, in kleine Scheiben schneiden und sofort mit etwas Zitronensaft beträufeln. Etwas Butter in einer Pfanne erhitzen, Champignons hineinlegen und ungefähr 5 Minuten schmoren, bis sie weich und aromatisch werden. Das Ei mit Wasser oder Milch verrühren und die Champignons hinzufügen. Mit Pfeffer und Salz abschmecken und das Omelette wie im Rezept Grünes Omelette (S. 100) backen.

Tomatenomelette

1 Ei / 1 EL Wasser oder Milch / 1 kleine Tomate /
1/2 EL feingehackte Zwiebel / Pfeffer / Salz /
eventuell etwas Knoblauch /
Butter oder etwas Sonnenblumenöl zum Backen

Die Tomate kurz in kochendes Wasser tauchen, dann mit kaltem Wasser abspülen und vorsichtig ihre Haut abziehen; sie läßt sich dann leicht ablösen. Die geschälte Tomate in Stücke schneiden.

Butter (oder Öl) in einer Pfanne erhitzen, die Zwiebelstücke hineinschütten und auf kleiner Flamme schmoren lassen, bis sie glasig sind. Die Tomatenscheiben hinzufügen und mitschmoren. Dabei darauf achten, daß sie nicht am Boden ansetzen. Noch etwas Butter in die Pfanne geben, die Tomaten auf eine Seite der Pfanne schieben und dann erst das mit Wasser oder Milch verquirlte und mit Salz und Pfeffer abgeschmeckte Ei darübergießen. Dann weiter wie im Rezept Grünes Omelette (S. 100) verfahren und das Omelette am Schluß so umklappen, daß die Hälfte mit den Tomaten oben liegt.

Kartoffelomelette

1 Ei / 1 EL Milch oder Wasser / 1 kleine Kartoffel, am besten ein Rest vom Vortag / 1/2 feingehackte Zwiebel / Pfeffer / Salz / Thymian / Sonnenblumenöl zum Backen

Etwas Sonnenblumenöl in der Pfanne erhitzen, die feingeschnittene Zwiebel hinzugeben und glasig werden lassen. Die gekochte Kartoffel in Würfel schneiden, in die Pfanne geben und hellbraun werden lassen.

Das Ei mit Wasser oder Milch verquirlen, mit Pfeffer, Salz und eventuell einer Prise Thymian abschmecken. Das Eigemisch über die knusprig gebratenen Kartoffeln mit Zwiebeln gießen und auf beiden Seiten hellbraun braten. Kombiniert mit einem Salat aus z.B. Hülsenfrüchten ergibt das eine volle Mahlzeit.

Paprikaomelette

1 Ei / 1 EL Wasser oder Milch / 1 EL feingehackte Zwiebel / 1 EL feingeschnittene rote oder grüne Paprika / Sonnenblumenöl zum Backen / Pfeffer / Salz

Etwas Öl in einer Pfanne erhitzen, die Zwiebel hineingeben und, sobald sie glasig ist, die in Stückchen geschnittene Paprika hinzufügen. Dieses Gemisch ungefähr 7 Minuten dünsten lassen.

Inzwischen das Ei mit Wasser oder Milch verrühren, mit Pfeffer und Salz abschmecken und das Eigemisch anschließend über die Paprika und die Zwiebelstückchen gießen. Das Omelette auf beiden Seiten backen und mit Reis servieren.

Zwiebelomelette

1 Ei / 1 EL Wasser oder Milch / 1 kleine Zwiebel / 1/2 Knoblauchzehe / Pfeffer / Salz / Sonnenblumenöl zum Backen

Etwas Öl in einer Pfanne erhitzen, die geschälte und in kleine Stückchen gehackte Zwiebel hinzufügen, ebenso den sehr fein geriebenen Knoblauch.

Alles auf kleiner Flamme schmoren lassen, bis die Zwiebelstückchen glasig und goldbraun sind. Das Ei mit Wasser oder Milch verquirlen, mit Pfeffer und Salz abschmecken und die geschmorten Zwiebelstückchen dazugeben. Das Omelette wie im Rezept Grünes Omelette (S. 100) backen. Dazu Bratkartoffeln, Kartoffelpüree oder gekochten Reis servieren.

Bauernomelette

1 Ei / 1 EL Wasser oder Milch / 1 kleine gekochte Kartoffel / 1 Silberzwiebel / ein paar Champignons / 1/2 EL feingeschnittener Schnittlauch oder Petersilie oder eine Mischung daraus / 1-2 EL gekochte grüne Erbsen / Pfeffer / Salz / Butter oder Sonnenblumenöl zum Backen

Die Zubereitung dieses Omelettes ist nur dann sinnvoll, wenn man Reste von Erbsen, Champignons und Kartoffeln übrig hat. Ist das der Fall, dann ist dies eine gute Möglichkeit, die Reste schön schmackhaft zuzubereiten. Man kann z.B. am Vortag so planen, daß man diese Reste am nächsten Tag zur Verfügung hat.

Zunächst eine ordentliche Portion Butter oder Öl oder eine Mischung aus beidem in einer Pfanne erhitzen. Darin werden die in Würfel geschnittenen, gekochten Kartoffeln leicht gebräunt. Anschließend die feingehackte Silberzwiebel, die Champignons, die Petersilie und/oder Schnittlauch hinzufügen und erst zum Schluß die Erbsen. Alles gut heiß und aromatisch werden lassen.

Das Ei mit Wasser oder Milch verquirlen, mit Pfeffer und Salz abschmecken, etwas Butter zu dem Gemisch in die Pfanne geben und dann die Eimasse darübergießen. Dieses Omelette soll sehr langsam gar werden.

Man kann es nicht umklappen, da es dann brechen würde. Dazu paßt ein leckerer Salat. Zusammen mit einem Salat aus Hülsenfrüchten oder Reis ergibt dieses Omelette eine vollwertige Mahlzeit.

Soldatenomelette

1 EL Milch oder Wasser / 1 Ei / Pfeffer / Salz /
1 1/2 Scheiben Brot / Butter und/oder Sonnenblumenöl

Das Brot in kleine Würfel schneiden. Butter und/oder Öl in der Pfanne erhitzen und die Brotwürfel darin auf allen Seiten goldbraun anbraten. Das Ei mit Wasser oder Milch verquirlen, mit Pfeffer und Salz abschmecken, und die Mischung über die knusprigen Brotwürfel gießen. Das Omelette gar werden lassen, gegebenenfalls auf beiden Seiten backen. Mit Reis, Kartoffelpüree oder Hülsenfrüchten servieren.

Nach den herzhaften Omelettes mit Füllungen folgen jetzt die süßen Omelettes. Sie können als Nachspeisen zu nahrhaften Suppen, zu Salaten mit Käse und Nüssen oder ähnlichem gereicht werden.

Süße Omelettes sind ebenso einfach zuzubereiten wie herzhafte und können ebenfalls vielfältig variiert werden.

Omelette mit Marmelade

1 Ei / 1 EL Wasser oder Milch /
1/2 EL Marmelade oder eingedicktes Fruchtmus /
Butter zum Backen

Das Ei sorgfältig mit Wasser oder Milch verquirlen, etwas Butter in der Pfanne erhitzen, das Eigemisch darübergießen und das Omelette wie im Grundrezept mit Marmelade oder Fruchtmus bestreichen. Omelette zusammenklappen und sofort servieren.

Schaumomelette

1 Ei / etwas Vanille / Honig / etwas geriebene Zitronenschale / eventuell ein paar Tropfen Rum oder Cognac (allerdings nicht notwendig) / Butter zum Backen

Das Ei trennen und das Eidotter mit der Vanille und dem Honig, etwas geriebener Zitronenschale und eventuell etwas Rum oder Cognac verquirlen. Das Eiweiß steif schlagen. Dabei muß man darauf achten, daß kein Spritzer Eidotter oder Fett damit in Berührung kommt, denn dann wird es nicht steif.

Den Eischnee sehr vorsichtig unter den verquirlten Eidotter heben und dieses Gemisch langsam in die Pfanne gießen, in der etwas Butter zerlassen worden ist. Das Gemisch ganz kurz auf großer Flamme erhitzen, dann die Platte kleinstellen und die Pfanne mit einem Deckel oder mit einem Teller abdecken. Das Omelette wird auf diese Weise 10 -12 Minuten gar und hellbraun gebacken und zum Schluß zusammengeklappt.

Apfelomelette

1 Ei / 1 EL Sahne / Honig /
1/2 Goldreinette oder ein anderer saurer Apfel /
Zitronensaft / Butter zum Backen

Den Apfel schälen und in kleine Würfel schneiden. Sofort etwas Zitronensaft darüberträufeln, damit er nicht braun wird. Butter in einer Pfanne erhitzen und die Apfelstückchen auf kleinem Feuer garen. Inzwischen den Eidotter sehr sorgfältig mit etwas Honig und einem Löffel Sahne verquirlen. Das Eiweiß in einer Schüssel steif schlagen, langsam mit dem verquirlten Eidotter verrühren und dieses Gemisch anschließend vorsichtig über die gargekochten Apfelstücke gießen. Noch etwas Butter hinzufügen und das Omelette auf kleiner Flamme ungefähr 12 Minuten lang in bedeckter Pfanne durch und durch gar werden lassen.

Omelette mit gerösteten Nüssen

1 Ei / 1 EL Sahne oder Milch / 1 EL gemahlene Nüsse / 1 EL Honig / Butter zum Backen / gegebenenfalls etwas Rum zum Flambieren

Butter in der Pfanne zerlassen und die Nüsse hinzufügen, die auf sehr kleiner Flamme in der Butter goldbraun und aromatisch angebraten werden. Dabei muß darauf geachtet werden, daß die Flamme nicht zu groß ist, damit nichts anbrennt. Zum Schluß den Honig darunterrühren. Das Ei sorgfältig mit Sahne oder Milch verquirlen, so daß eine schöne gleichmäßige Masse entsteht. Anschließend das Gemisch aus Honig und gerösteten Nüssen darunterrühren.

Dann wieder etwas Butter in der Pfanne erhitzen, die Eimasse hineingießen und alles auf kleiner Flamme wie im Rezept Grünes Omelette (S. 100) gar werden lassen. Das Omelette zusammenklappen und, falls gewünscht, einen Teelöffel Rum darübergießen und anzünden. So wird das Omelette noch aromatischer.

Kaiserschmarrn

1 Ei / 50 g Mehl / 2 EL Milch / 1/2 EL Rosinen / Butter zum Backen

Milch und Ei sehr sorgfältig vermischen, das Mehl hinzufügen und einen schönen Teig herstellen. Die Rosinen untermischen, eine ordentliche Portion Butter in der Pfanne erhitzen, das Eigemisch dazugießen und sehr langsam gar werden lassen.

Das Omelette wenden und kurz vor dem vollständigen Garwerden mit einer Gabel in Stückchen zerkleinern. Noch etwas Butter hinzufügen und die Stückchen kurz weiterbacken lassen. Mit Frucht- oder Apfelkompott essen.

Alternativen zum Fleisch

Wer gerade erst angefangen hat, vegetarisch zu kochen, kann das Fleisch oft nicht vergessen und möchte zu Kartoffeln, Soße und Gemüse unbedingt etwas Gebratenes essen. Aus diesem Grund folgen nun ein paar Rezepte, die einen Ersatz für Fleischgerichte darstellen können. Natürlich haben diese Gerichte mit Fleisch nichts zu tun, aber sie sind gebraten und können mit Kartoffeln oder Reis und Gemüse kombiniert werden.

In dem Kapitel *Variationen mit Hülsenfrüchten* (S.126 ff.) findet man beispielsweise ein Rezept für Plätzchen aus Hülsenfrüchten und Kartoffeln. Diese können sehr gut als Fleischersatz dienen. Ißt man sie zu Kartoffeln und Gemüse, nimmt man die Hälfte der angegebenen Menge.

Weitere Kombinationsmöglichkeiten mit Kartoffeln und Gemüse bietet das Kapitel *Das Omelette, einfach und lecker* (S. 89ff.).

Maisplätzchen

5 gestrichene EL Maisgrieß oder Polenta /
2 gestrichene EL Weizengrießmehl /
350 ml Milch mit etwas vegetarischer Brühe / Pfeffer /
Salz / Sojasoße / Öl zum Braten

Die Milch zum Kochen bringen und unter ständigem Umrühren Polenta oder Grieß hineinstreuen. Danach ununterbrochen weiterrühren und alles ungefähr 15 Minuten lang leicht kochen. Man erhält einen sehr zähen Brei und muß gut aufpassen, daß er nicht anbrennt.

Den Brei vom Feuer nehmen und mit Salz und etwas Sojasoße abschmecken. Dann wird er zum Abkühlen auf einen kalt abgespülten Teller gegeben. Dies kann man, wenn man Zeit hat, schon am Vorabend oder Morgen tun.

Aus der steifen Masse schneidet man quadratische Plätzchen und brät sie in der Pfanne in Öl auf beiden Seiten goldbraun.

Wenn man Plätzchen für zwei Tage zubereiten will, teilt man den noch warmen Brei in zwei Portionen auf und verrührt die erste Portion mit Curry, die zweite mit gehackter Petersilie. Man kann auch angebratene Zwiebeln daruntermischen.

Herzhafte Haferplätzchen mit Paprika

1/2 Tasse feine Haferflocken / 1/2 EL Vollkornmehl / 1 kleines Ei / 1 kleine Zwiebel / 1 EL Milch / 1 TL Paprikapulver / Öl / Salz / Pfeffer / Paniermehl

Die Zwiebel schälen und fein schneiden. Etwas Öl in einer Pfanne erhitzen und die Zwiebel darin glasig und goldgelb werden lassen. Dann die Haferflocken unterrühren und das Ganze kurz schmoren lassen. Nun das Vollkornmehl hinzufügen sowie das mit der Milch verquirlte Ei und das Paprikapulver. Die Pfanne vom Feuer nehmen und die Masse mit Pfeffer und Salz abschmecken. Aus dem Teig ein Zentimeter dicke Plätzchen formen, die in Paniermehl gewälzt und auf beiden Seiten goldbraun gebraten werden.

Die Plätzchen müssen langsam gebraten werden, so daß die Haferflocken und das Mehl gar werden und das Ei stocken kann.

Grießmehlplätzchen

1/4 l Milch mit vegetarischer Brühe / 3 leicht gehäufte EL Grießmehl / Pfeffer / Salz / Sojasoße / Curry / Öl zum Braten

Die Milch mit der Brühe zum Kochen bringen, das Grießmehl hineinstreuen und, damit nichts anbrennt, unter ständigem Umrühren in 5 Minuten gar werden lassen.

Den Topf vom Feuer nehmen und den Brei mit Pfeffer, Salz, gegebenenfalls Curry und/oder Sojasoße abschmecken. Man kann zusätzlich noch gebratene feingeschnittene Zwiebel hinzufügen, je nach Geschmack.

Die Masse dann auf einem Teller erkalten lassen und mit etwas Mehl bestreuen. Zum Schluß schneidet man Dreiecke aus diesem Brei und brät sie in Öl auf beiden Seiten.

Gebratene Champignons

Für viele Leute sind auch Pilze ein Fleischersatz. Champignons kann man auf viele verschiedene Arten zubereiten. Die hier beschriebene Zubereitungsweise hat den Vorteil, daß sie schnell geht und trotzdem schmackhaft ist.

100 g Champignons / 1 kleine Zwiebel / eventuell 1/2 Knoblauchzehe / 1 EL Butter oder Margarine / Pfeffer / Salz

Die Champignons sorgfältig putzen. Nach dem Waschen erst abtropfen lassen und anschließend abtrocknen. Sie müssen völlig trocken sein. Die großen Exemplare werden halbiert.

Etwas Butter in einer Pfanne erwärmen, die feingeschnittene Zwiebel mit etwas Knoblauch anbraten und die Champignons hinzufügen. Die Pfanne in Abständen schütteln, damit die Champignons nicht ansetzen, und sie auf ziemlich großer Flamme (damit die überschüssige Flüssigkeit verdampft) in ungefähr 5 Minuten gar und hellbraun werden lassen. Erst dann Pfeffer und Salz darüberstreuen.

Gebratener Käse

1 kleine dicke Scheibe Käse von ungefähr 75 g, am besten junger Käse (mit einer großen Scheibe gelingt das Braten nicht) / 1 EL Mehl / Paniermehl / Butter und/oder Öl zum Braten

Die Rinde vom Käse abschneiden und einen Mehlbrei herstellen, der soviel Wasser enthält, daß eine dickflüssige Masse entsteht. Die Käsescheibe sorgfältig in diesem Brei wenden, so daß der Käse völlig bedeckt wird. Wenn unbedeckte Stellen vorhanden sind, läuft der flüssig gewordene Käse während des Bratens aus. Die Käsescheibe zudem noch in Paniermehl wälzen und dann schnell in heißem Öl auf beiden Seiten goldbraun braten.

Auf keinen Fall während des Bratens mit einer Gabel hineinstechen. Wichtig ist auch, daß der Käse schnell brät, da er sonst zäh werden oder auslaufen kann. Bei diesem Rezept ist eine gewisse Geschicklichkeit erforderlich, aber wenn man es erst einmal ausprobiert hat, läßt es sich im Nu zubereiten.

Die gebratene Käsescheibe kann sofort gegessen werden, z.B. zu Stampfkartoffeln mit frischen Endivien, Spinat oder Rübstielen, oder zu gekochtem Reis mit gekochtem Gemüse.

Getreide und Teigwaren

Reis ist wahrscheinlich das bekannteste Getreide in unserer Küche. Man kann den geschliffenen Reis wählen, der allerdings vitaminarm ist. Besser ist ungeschälter Reis, der einen stärkeren Eigengeschmack besitzt und viele Vitamine aus dem B-Komplex enthält.

Reis läßt sich einfach zubereiten. Am besten kocht man gleich eine Menge für drei Tage. Am ersten Tag wird der Reis dann heiß zu gekochtem Gemüse gegessen, am zweiten Tag wird er aufgebraten, und am dritten Tag kann er zu Reissalat verarbeitet werden, der vor allem im Sommer sehr lecker ist. Den Salat kann man schon am ersten Tag zubereiten und anschließend im Kühlschrank aufbewahren.

Pro Person rechnet man 100 g Reis pro Tag.

Gekochter Reis

300 g Reis / 600 ml Wasser / etwas Salz

Der Reis muß solange gewaschen werden, bis das Wasser klar bleibt. Dann läßt man ihn abtropfen und bringt ihn mit Wasser zum Kochen. Weißer Reis wird 7 Minuten gekocht, ungeschälter benötigt ungefähr 10 Minuten. Man bereitet ihn am besten morgens zu. Anschließend wird der Topf sofort in ein Geschirrtuch einschlagen, so daß der Deckel fest auf dem Topf liegt, und daraufhin in Kissen oder in einen Schlafsack eingepackt.

Auf diese Weise wird der Reis im Laufe des Tages langsam gar und ist abends, wenn man nach Hause kommt, fertig.

Soll der Reis sofort gegart werden, hat weißer Reis eine Kochzeit von etwa 30 Minuten, Naturreis von ca. 45 Minuten.

Curryreis

100 g trockengekochter Reis / 1 EL Butter oder Margarine /
1 kleine Zwiebel / 1 TL Curry /
eventuell Petersilie zum Garnieren

Die Butter in einer Pfanne zerlassen, die geschälte und kleingeschnittene Zwiebel hineingeben und anbraten, aber kaum bräunen. Jetzt einen Teelöffel Curry darüberstreuen. Alles kurz schmoren lassen und anschließend unter ständigem Umrühren den Reis hinzufügen, bis er völlig erhitzt ist und etwas Farbe angenommen hat. Auf dem Teller mit Petersilie garnieren und mit Salat servieren. Ein Salat aus Prinzeßbohnen oder Tomaten mit weißen Bohnen paßt hier sehr gut.

Reissalat

100 g trockengekochter Reis / Salatsoße nach Wunsch /
1/2 Paprika, am besten eine rote /
2 EL gargekochte grüne Erbsen, Bohnen oder Maiskörner /
ein paar Salatblätter oder Gurken- oder Tomatenscheiben

Den gargekochten Reis mit dem gekochten Gemüse vermischen, eine Salatsoße nach Wunsch dazugeben und den Salat bis zum Verzehr am besten an einem kühlen Ort in einem gut verschließbaren Glasbehälter aufbewahren.

Wenn der Reis gegessen werden soll, ein paar gewaschene und getrocknete Salatblätter bzw. einige Tomaten- oder Gurkenscheiben auf den Tellerrand legen, den Reis hinzufügen und dazu ein hartgekochtes Ei oder eine Scheibe Brot essen.

Nasi Goreng

100 g trockengekochter Reis / 1 kleine Zwiebel / 1 EL Öl / 1/2 Knoblauchzehe / 1 Stückchen Lauch / 1/2 EL feingeschnittener Sellerie / 1/2 EL Sojasoße / eine Messerspitze Sambal Olek / 1 Ei

Das Öl in einer Pfanne erhitzen und die feingehackte Zwiebel ebenso wie die feingehackte Knoblauchzehe (nicht unbedingt notwendig) darin anbraten. Eine Messerspitze Sambal Olek unter den Reis mischen und den Reis mitbraten lassen. Erst dann den in sehr feine Ringe geschnittenen Lauch und das feingeschnittene Selleriegrün hinzufügen. Auch dieses muß erhitzt werden. Den Reis auf einen Teller füllen und warmhalten. Währenddessen aus dem verquirlten Ei schnell ein Omelette backen, in Streifen schneiden und auf den Reis legen.

Saure Gurken und eventuell Salat dazu essen.

Gekochte Hirse

100 g Hirse / 200 ml Wasser / etwas Salz

Die Hirse mit dem Wasser und etwas Salz zum Kochen bringen und dann im geschlossenen Topf in 15 Minuten gar werden lassen. Dabei hin und wieder vorsichtig umrühren.

Hirsepüree

100 g gekochte Hirse / 1 kleine Zwiebel / 1 EL Öl / Pfeffer / Salz

Die feingehackte Zwiebel in etwas Öl anbraten. Die heiße, gekochte Hirse mit einem Mixer vermixen oder durch ein Sieb drücken, mit Pfeffer und Salz abschmecken und die angebratene Zwiebel darunterrühren.

Eventuell kann noch etwas feingeschnitzeltes, rohes grünes Gemüse, z.B. Spinat oder Brennesselspitzen, dazugefügt werden. Das Ganze vor dem Essen noch einmal kurz erhitzen.

Buchweizen

100 g Buchweizen / 1 EL Öl / 200 ml Wasser

Das Öl in einem großen Topf erhitzen und den Buchweizen unter ständigem Umrühren im Öl rösten, aber nicht zu dunkel werden lassen. Anschließend das kochende Wasser hinzufügen, den Topf mit einem Deckel verschließen und ungefähr 15 Minuten garen lassen.

Buchweizen kann beispielsweise mit gekochtem Rotkohl oder Weißkohl serviert werden. Sehr gut schmecken auch gebratene Zwiebeln und ein paar Löffel Salat aus Hülsenfrüchten dazu.

Makkaroni, Spaghetti oder andere Nudeln

Bei Nudeln werden 100 g pro Person gerechnet.

Zum Kochen von Nudeln bringt man einen halben Liter Wasser mit etwas Salz zum Kochen; in das Wasser gibt man einen halben Teelöffel Butter, damit die Nudeln nicht aneinanderkleben.

Die Nudeln in das kochende Wasser schütten, kurz umrühren und ca. 12 Minuten garen. Anschließend in einem Sieb abgießen und mit kaltem Wasser abschrecken, damit sie nicht kleben.

Nudeln mit Käse

100 g gekochte Makkaroni, Spaghetti oder andere Nudeln /
1/2 EL Butter / 30 g geraspelter Käse /
1/2 EL feingeschnittene Kräuter wie Petersilie und Sellerie

Die Nudeln auf einen Teller legen, etwas Butter in die Mitte geben und mit Käse und feingeschnittenen Kräutern bestreuen. Dazu Salat servieren.

Makkaroni mit Ei

100 g gekochte Makkaroni / 1/2 EL Butter oder Margarine / 1/2 EL feingeschnittene Kräuter / 2 kleine Eier oder 1 großes Ei

Die Butter in einem Stieltopf erhitzen, die gekochten Makkaroni (oder eine andere Sorte Nudeln) hinzufügen und ein verquirltes Ei darunterrühren. So lange rühren, bis das Ei stockt und sich in Form von kleinen weißen und gelben Flöckchen unter die Makkaroni verteilt hat. Erst dann die Kräuter darüberstreuen und die Nudeln sofort servieren. Dazu paßt Salat.

Nudeln mit gerösteten Nüssen

100 g gekochte Makkaroni, Spaghetti oder andere Nudeln / 1 EL Butter und/oder Öl / 1 Stückchen Lauch / 75 g Walnüsse oder gemischte Nüsse / Pfeffer / Salz / Sojasoße / 1/2 EL feingeschnittene Kräuter wie Petersilie, Schnittlauch oder Sellerie

Die Butter in einem Stieltopf erhitzen, den in sehr feine Ringe geschnittenen Lauch hinzugeben und alles kurz schmoren lassen. Dann die gehackten Nüsse hinzufügen und auch diese kurz schmoren lassen. Anschließend die gekochten, abgetropften Teigwaren untermischen und mit Pfeffer, Salz und Sojasoße abschmecken. Auf dem Teller etwas Kräuter darüberstreuen und gekochtes Gemüse wie Prinzeßbohnen, Blumenkohl, Endivien oder Spinat dazu essen.

Variationen mit Hülsenfrüchten

Viele Leute glauben, daß das Zubereiten von Hülsenfrüchten viel Arbeit ist, und greifen daher zu fertig zubereiteten Hülsenfrüchten aus dem Glas oder aus der Dose. Der angebliche Arbeitsaufwand ist jedoch ein großer Irrtum. Getrocknete Hülsenfrüchte, die wichtigsten Eiweißlieferanten im vegetarischen Menü (sie enthalten durchschnittlich 20 % Eiweiß, die Sojabohne enthält sogar 40 %), sind sehr einfach zuzubereiten. Man muß nur wissen, wie's gemacht wird.

Außerdem gibt es so viele Variationsmöglichkeiten für diese recht neutral schmeckenden Samenkörner, daß man ohne weiteres Mengen für drei oder vier Tage gleichzeitig kochen kann. Dann kann an jedem Tag ein völlig anderes Hülsenfruchtgericht auf dem Menüplan stehen, obwohl man nur einmal gekocht hat.

Ein einfaches Beispiel dafür sind braune Bohnen. Sie werden eine Nacht lang eingeweicht, am nächsten Morgen zum Kochen gebracht und nach einer Kochzeit von 15 Minuten in einen Schlafsack oder in Kissen eingepackt. Abends sind sie völlig gar. Am ersten Tag verarbeitet man sie zu einem Bohnengericht, am zweiten und dritten Tag zu Suppe, und am vierten Tag ißt man sie als Bohnensalat.

Den Salat kann man gleich am ersten Tag zubereiten. Man nimmt ein Viertel der gesamten Bohnenmenge, läßt sie kurz abtropfen, vermischt sie mit einer Vinaigrette (siehe Salatrezepte, S. 67 ff.) und bewahrt das Gericht an einem kühlen Ort in einem gründlich gereinigten Marmeladenglas mit Deckel auf. Vor dem Verzehr streut man nur noch ein paar feine Zwiebelringe oder feingeschnittene saure Gurken darüber.

Auf diese Weise hat man nur einmal gekocht und kann vier Tage lang hintereinander davon leben. Selbst zu kochen ist nicht nur viel preiswerter, sondern hat auch den Vorteil, daß man weiß, was man ißt bzw. was man nicht ißt.

Nun noch eine abschließende Bemerkung: Alle Hülsenfrüchte müssen eine Nacht lang eingeweicht werden, wenn sie in der angegebenen Zeit gar werden sollen. Zuvor muß man sie gut waschen, da sie in ihrem Einweichwasser, in dem sich wertvolle Stoffe befinden, gekocht werden.

Man rechnet pro Mahlzeit mit ungefähr 100 g getrockneten Hülsenfrüchten pro Person, d.h. daß man für drei oder vier Tage am besten 300 oder 400 g Hülsenfrüchte kocht.

Braune Bohnen mit Ingwer

100 g braune Bohnen, gekocht wie oben angegeben (S. 126) / 1 Stück kandierter Ingwer / 1 kleine Zwiebel / 1/2 EL Öl / eventuell 1 Tomate / 1 Prise Ingwerpulver / 1 Prise Korianderpulver / Sojasoße

Das Öl in einer Pfanne erwärmen und die geschälte und sehr fein gehackte Zwiebel im Öl glasig werden lassen. Nun die Tomate hinzufügen (eventuell auch Tomatenmark) sowie das zerkleinerte Ingwerstück, die Gewürze und etwas Sojasoße. Das Ganze ein paar Minuten lang schmoren lassen und die gekochten Bohnen anschließend mit so viel Kochwasser hinzufügen, daß alles ganz sämig ist.

Dazu gekochten Reis und eventuell noch etwas Salatsoße mit Joghurt servieren.

Gulasch aus Bohnen oder Erbsen

100 g gekochte Hülsenfrüchte nach Wahl /
1 große oder 2 kleine Zwiebeln / 1/2 EL Öl und/oder Butter /
1 TL süßes rotes Paprikapulver /
eventuell etwas abgetropfter Joghurt oder etwas Sahne /
Pfeffer / Salz

Öl und/oder Butter in einem großen Topf erhitzen und die geschälte und in hauchdünne Scheiben geschnittene Zwiebel darin schmoren lassen, aber nicht bräunen. Anschließend mit Paprikapulver würzen, kurz mitschmoren, jedoch unter keinen Umständen zu heiß werden lassen. Anschließend die gekochten Hülsenfrüchte mit etwas Kochwasser hinzufügen, den Topf mit einem Deckel verschließen und das Gulasch 15 Minuten lang leicht kochen lassen. Mit Pfeffer, Salz und etwas abgetropftem Joghurt oder etwas Sahne abschmecken. Das Gulasch schmeckt sehr lecker zu Kohlsalat oder einer Scheibe geröstetem Brot.

Gebratene Erbsen oder Kichererbsen

100 g gekochte Erbsen oder Kichererbsen / 1 EL Butter oder Margarine / 1/2 Knoblauchzehe / 1 Prise Chilipulver / 1/2 TL Curry / etwas Sojasoße

Die gekochten Hülsenfrüchte gut abtropfen lassen und die Kochflüssigkeit für eine Suppe aufheben. Die Hülsenfrüchte sorgfältig mit einem sauberen Geschirrtuch abtrocknen. Die Butter in einer Pfanne zerlassen, die Gewürze und den feingehackten Knoblauch hineingeben (wer keinen Knoblauch mag, nimmt 1/2 EL feingeschnittene Zwiebel), und am Schluß die gekochten Hülsenfrüchte hinzufügen. Diese unter ständigem Umheben ungefähr 10 Minuten lang leicht mitbraten lassen. Vor dem Essen etwas Sojasoße darübergießen und gekochten Reis oder eine Scheibe Brot dazu essen.

Hülsenfrüchte mit Rotwein

Wenn man einen Weinrest vom Vortag übrig hat, kann man damit dieses herrliche Hülsenfrüchtegericht zubereiten. Dafür eignen sich braune Bohnen, Linsen, Erbsen oder Kichererbsen.

100 g gekochte Hülsenfrüchte / 1 EL Öl /
1 Zwiebel / 1 EL Tomatenmark (oder Ketchup) /
100 ml Rotwein / 1 Lorbeerblatt /
1 Messerspitze Sambal Olek oder etwas Chilipulver

Das Öl in einem großen Topf erhitzen, die geschälte, fein geschnittene Zwiebel hinzugeben und kurz schmoren lassen. Eine Messerspitze (nicht mehr) Sambal Olek oder eine Messerspitze (nicht mehr) Chilipulver sowie das Tomatenmark und den Rotwein hinzufügen.

Die gekochten Hülsenfrüchte abtropfen lassen, die Kochflüssigkeit für eine Suppe aufbewahren und die Hülsenfrüchte in den Topf schütten. Alles im verschlossenen Topf 15 Minuten lang zusammen mit einem Lorbeerblatt sehr leicht kochen lassen.

Zum Schluß das Lorbeerblatt wieder entfernen und das Gericht zu Reis oder zu einer Scheibe Brot essen.

Weiße Bohnen mit Joghurt

100 g gekochte weiße Bohnen / 1/2 EL Nußmus oder Erdnußbutter / 1 TL Zitronensaft / Pfeffer / Salz / eventuell etwas Zucker / eventuell etwas Knoblauch / 1/4 rote Paprika ohne Kerne, in Stückchen geschnitten (kann auch weggelassen werden) / 1/2 EL feingeschnittene Kräuter wie Petersilie oder Sellerie / 1 EL Butter oder Margarine / 3 EL Joghurt

Das Nußmus oder die Erdnußbutter mit etwas Zitronensaft, etwas Pfeffer und Salz verrühren. Unter Umrühren den Joghurt hinzufügen sowie, wenn man will, ein paar Tropfen frischen Knoblauchsaft.

Die Butter in einem Topf erhitzen und die roten Paprikastückchen in der Butter schmoren lassen. Nun die gekochten und abgetropften weißen Bohnen hinzufügen und mitschmoren lassen, bis sie durch und durch erhitzt sind. Vor dem Verzehr mit der Joghurtsoße vermischen, die warm, aber nicht zu heiß werden soll. Das Gericht mit den Kräutern bestreuen und zu Reis oder einer Scheibe Brot essen.

Weiße Bohnen mit Tomaten

100 g gekochte weiße Bohnen / 1 EL Öl oder Butter / 1 Zwiebel / 2 Tomaten / 1 kleines Lorbeerblatt / etwas Sojasoße / Pfeffer / Salz / eventuell 1 Prise Zucker / 1 EL gehackte Kräuter

Das Öl in einem Topf erhitzen und die geschälte, feingeschnittene Zwiebel hinzufügen; sie soll glasig und beinahe gar werden. Die Tomaten kurz in kochendes Wasser halten; dann die Haut abziehen, die Kerne entfernen und die Tomate in kleine Stücke schneiden, die zu der geschmorten Zwiebel gegeben werden. Etwas Sojasoße, das Lorbeerblatt und zum Schluß die gekochten und abgetropften weißen Bohnen hinzufügen. Den Topf mit einem Deckel verschließen und alles ungefähr eine Viertelstunde lang leicht kochen lassen. Anschließend die überschüssige Flüssigkeit im offenen Topf verdampfen lassen bzw., wenn die Masse zu trocken wird, etwas Bohnenkochwasser darauf gießen.

Am Schluß mit den feingeschnittenen Kräutern bestreuen. Sehr lecker schmecken zu diesem Gericht geröstete Brotwürfel.

Weiße Bohnen mit Käse und Petersilie

100 g gekochte weiße Bohnen / 30 g geraspelter Käse / 1 EL feingeschnittene Petersilie / etwas Butter / Pfeffer / Salz / Zitronensaft

Die Bohnen nach dem Kochen abtropfen lassen. Etwas Butter in einem Topf schmelzen und die Bohnen darin durch und durch erhitzen. Mit wenig Salz abschmecken, da der Käse selbst salzig ist. Auf dem Teller Käse und Petersilie darüberstreuen.

Salat, auch Kartoffelsalat, paßt sehr gut zu diesem Gericht.

Linsen oder braune Bohnen, süßsauer

100 g getrocknete Hülsenfrüchte / 1 EL Honig / 1/2 EL Zitronensaft oder Essig / etwas Ingwerpulver

Den Honig in einen Topf mit Zitronensaft oder Essig und mit etwas Ingwer erhitzen. Die gekochten, abgetropften Hülsenfrüchte hinzugeben. Den Topf zudecken und alles 10 Minuten lang leicht kochen und Geschmack annehmen lassen. Kurz prüfen, ob eventuell noch nachgesüßt oder mit Pfeffer und Salz nachgewürzt werden muß, und das Ganze zu trockengekochtem Reis servieren.

Linsen mit Zwiebeln und Käse

100 g getrocknete Linsen / 1 kleine Zwiebel / 1 Stückchen Wintermöhre / 1 EL Öl / Salz / Pfeffer / eventuell etwas Sojasoße / 30 g geraspelter alter Käse

Das Öl in einem Topf erhitzen, die geschälte, feingehackte Zwiebel und die geputzte, geraspelte Möhre hineingeben. Alles schmoren, bis es fast gar ist. Dann die abgetropften Linsen sowie Pfeffer und Sojasoße nach Geschmack und nur wenig Salz hinzufügen, da der Käse schon salzig ist. Den Topf verschließen und alles 10 Minuten lang schmoren lassen.

Auf dem Teller mit dem geraspelten Käse bestreuen und zusammen mit Brot essen.

Püree aus Hülsenfrüchten

Für dieses Püree kann man sowohl braune als auch weiße Bohnen, Linsen oder Kapuzinererbsen verwenden.

100 g gekochte Hülsenfrüchte / 1 Tasse gekochte Kartoffeln (vom Vortag) / etwas Milch / Pfeffer / Salz / Zitronensaft / Muskatnuß / nach Belieben etwas Knoblauch

Die Kartoffeln in etwas Milch erhitzen und sie kurz kochen lassen, bis sie sämig und weich sind. Die gekochten Hülsenfrüchte hinzufügen und alles fein mixen oder stampfen. Man kann das Ganze auch durch ein Sieb drücken, aber das ist viel Arbeit.

Mit Pfeffer, Salz, etwas Zitronensaft, etwas Muskatnuß und eventuell etwas Knoblauchsaft aus der Knoblauchpresse abschmecken.

Dazu passen Salat oder saure Gurken.

Plätzchen aus Hülsenfrüchten und Kartoffeln in der Pfanne

100 g gekochte Hülsenfrüchte nach Wahl / 1/2 Tasse gekochte Kartoffeln (vom Vortag) / 1 EL Paniermehl / 1 feine Zwiebel / 1/2 EL Öl und/oder Butter / 25 g geraspelter alter Käse / Salz / Pfeffer / etwas Sojasoße / eventuell etwas Muskatnuß oder Curry nach Geschmack / Paniermehl / Öl zum Braten

Die gekochten Hülsenfrüchte gut abtropfen lassen und anschließend sehr fein vermixen oder mit einer Gabel zerdrücken. In gleicher Weise wird mit den Kartoffeln verfahren.

Das Öl in einer Pfanne erhitzen und die feingeschnittene Zwiebel hineingeben, damit sie glasig und hellgelb wird. Curry und Muskatnuß hinzufügen und alles mit den feingestampften Kartoffeln und Hülsenfrüchten vermengen. Noch einen Löffel Paniermehl und den geraspelten Käse einkneten und mit Salz, Pfeffer und Sojasoße abschmecken.

Aus der Masse sehr feste und flache, runde Plätzchen formen, diese in Paniermehl wälzen und in Öl auf beiden Seiten goldbraun braten. Dazu paßt Salat.

Erbsenpüree

100 g gekochte Erbsen / Sojasoße / Zitronensaft / Pfeffer / Salz / eventuell etwas abgetropften Joghurt / 1 EL Öl / 1 große Zwiebel / eventuell etwas Curry

Etwas Öl in einer Pfanne erhitzen und die geschälte, in hauchdünne Ringe geschnittene Zwiebel darin schmoren, bis sie glasig und goldgelb ist. Nach Geschmack etwas Curry hinzufügen.

Die gekochten Erbsen gut abtropfen lassen, feinstampfen und mit Sojasoße, Zitronensaft, Pfeffer und Salz abschmecken.

Eventuell etwas Joghurt dazugeben. Alles gut erhitzen und das Püree auf dem Teller mit den geschmorten Zwiebeln garnieren.

Mit einer Scheibe Brot essen.

Weiße oder braune Bohnen mit Nüssen

100 gekochte weiße oder braune Bohnen / 75 g gehackte gemischte Nüsse / 1 EL Butter oder Öl / 1 Zwiebel / Sojasoße / etwas Basilikumpulver (noch besser sind ein paar Blätter frischer Basilikum) / Petersilie / Pfeffer / Salz

Öl und/oder Butter in einem Topf erhitzen, die geschälte und sehr fein gehackte Zwiebel hinzufügen und glasig werden lassen. Dann die gehackten Nüsse hineingeben, so daß diese mitrösten. Die Bohnen gut abtropfen lassen und zu den Nüssen schütten. Eventuell etwas Kochwasser von den Bohnen dazugießen und das Ganze mit Sojasoße, Basilikum, Pfeffer und Salz abschmecken. Das Gemisch 5 Minuten unter ständigem Umheben erhitzen und auf dem Teller frische Petersilie darüberstreuen.

Bohnen oder Erbsen mit Reis

100 g gekochte Hülsenfrüchte / 1 Tasse gekochter Reis / 1 kleine Zwiebel / 1 EL Selleriegrün / 1 EL Butter und/oder Öl/ Pfeffer / Salz / Sojasoße

Öl und/oder Butter in einem Topf erhitzen, die feingeschnittene Zwiebel hineingeben und schmoren lassen, aber nicht bräunen. Den feingeschnittenen Sellerie dazugeben und kurz mitschmoren. Erst dann den Reis hinzufügen, der unter Umrühren angebraten wird, und dann die abgetropften, trockenen Hülsenfrüchte hinzugeben. Das Gemisch vorsichtig umrühren, damit die Hülsenfrüchte nicht auseinanderfallen.

Mit Pfeffer, Salz und Sojasoße abschmecken und saure Gurken oder Gurkensalat dazu essen.

Hülsenfrüchte mit Makkaroni

100 g gekochte weiße Bohnen / 1 Tasse gekochte Makkaroni / 1 EL Öl und/oder Butter / 1 kleine Zwiebel / 1 große Tomate oder 1 EL Tomatenmark mit 1 EL Wasser / Pfeffer / Salz / 30 g geraspelter alter Käse / etwas feingeschnittene Petersilie

Dieses Gericht sieht am schönsten aus, wenn man weiße Bohnen verwendet, aber auch andere Bohnensorten sind geeignet.

Öl in einem Topf erhitzen und die geschälte, feingeschnittene Zwiebel dazugeben, damit sie glasig wird. Die Tomate kurz in kochendes Wasser tauchen und abziehen. Die Kerne entfernen und in Stücke schneiden. Die Tomatenstücke zu der geschmorten Zwiebel geben (eventuell kann auch Tomatenmark mit ein wenig Wasser genommen werden). Alles köcheln lassen. Mit Pfeffer und wenig Salz abschmecken, da der Käse selbst schon sehr salzig ist.

Die gargekochten Makkaroni unterrühren, ebenso die abgetropften Bohnen. Das Gemisch gut erhitzen, aber dabei darauf achten, daß die Bohnen beim Umrühren nicht zerdrückt werden. Auf dem Teller den geraspelten Käse sowie etwas feingeschnittene Petersilie darüberstreuen.

Paste aus braunen Bohnen oder Kichererbsen

In der ursprünglichen Form dieses aus Indien stammenden Rezeptes werden gekochte Kichererbsen verwendet. Aber braune Bohnen, die in unserem Klima beheimatet sind, eignen sich ebensogut dafür.

Diese Paste kann auf Brot oder Toast gegessen werden, ist aber auch sehr lecker mit Gemüse oder Reis oder zu gebratenen Getreide- oder Kartoffelplätzchen.

Im Kühlschrank ist die Paste in einem gut verschlossenen Marmeladenglas ungefähr eine Woche lang haltbar.

100 g gekochte Hülsenfrüchte / 1 Knoblauchzehe /
2 EL Nußmus oder Sesampaste (oder notfalls Erdnußbutter) /
4 EL Zitronensaft / Pfeffer / Sojasoße /
1 Messerspitze Cayennepfeffer /
eventuell etwas Öl oder etwas Knoblauchsaft

Die gekochten und abgetropften Hülsenfrüchte sehr fein zerdrücken oder zerreiben. Das Nußmus, die Erdnußbutter oder die Sesampaste mit etwas Zitronensaft, Pfeffer und einer Prise Cayennepfeffer verrühren, von letzterem allerdings nicht zuviel, da die Paste sonst zu scharf wird. Anschließend die zerdrückten Hülsenfrüchte hinzufügen und, wenn das Ganze nicht sämig genug ist, etwas Öl. Wer Knoblauch mag, kann auch noch etwas Knoblauchsaft aus der Presse hineingeben.

Diese Paste ist im Nu zubereitet, wenn man einen elektrischen Handmixer hat. Dann kann man alle Zutaten in eine Schüssel geben und solange mixen, bis die Paste glatt und sämig ist.

Brotreste?

Brotreste sind Gold wert. Zunächst einmal kann man Paniermehl daraus herstellen: Das Brot vollkommen austrocknen lassen und es dann mit einer leeren Flasche feinrollen. Dieses selbstgemachte Paniermehl wird in einem Glas aufbewahrt. Weiterhin lassen sich auch einige leckere Gerichte aus Brotresten zubereiten:

Armer Ritter

Eine schmackhafte und nahrhafte Nachspeise nach einer nicht zu schweren Hauptspeise ist der „Arme Ritter“.

2 Scheiben Brot / 1/2 Ei / 2 TL Honig oder Zucker / etwas Zimt / 50 ml Milch / Butter oder Margarine zum Braten

Das halbe Ei sorgfältig mit der Milch, dem Honig und dem Zimt verquirlen. Die Krusten von den Brotscheiben abschneiden und für die Herstellung von Paniermehl aufheben. Das Brot auf einen Teller legen und das Milch-Ei-Gemisch darübergießen. Alles ungefähr 10 Minuten lang einziehen lassen.

Anschließend etwas Butter oder Margarine in einer Pfanne erhitzen und die Brotscheiben auf beiden Seiten goldbraun braten.

Warm als Nachspeise nach einer leichten Hauptmahlzeit essen.

Gebratene Brotwürfel

Diese kleinen gebratenen Brotwürfel sind eine gute Beilage zu Suppe oder Gemüse. Sie können auch in einem verschlossenen Glas an einem kühlen Ort ein paar Wochen aufbewahrt werden.

Einige Scheiben altes Brot / Öl zum Braten

Die Krusten von den Brotscheiben abschneiden und für die Herstellung von Paniermehl aufbewahren. Das Brot in schöne, gleichgroße Würfel schneiden. Das Öl in einer großen Pfanne erhitzen und die Brotwürfel darin auf beiden Seiten goldbraun braten. Das Öl abtropfen lassen und, nachdem sie abgekühlt sind, in einem gut verschließbaren Behälter kühl aufbewahren.

Pfannenpizza

2 Scheiben Brot / 100 g Gouda in Scheiben / 1 Tomate / 1 Zwiebel / 1 EL geraspelter Käse / etwas Oregano / Butter zum Braten

Etwas Butter in der Pfanne schmelzen und die Brotscheiben hineinlegen. Auf das Brot werden die Käsescheiben und die abgezogenen, in dünne Scheiben geschnittenen Tomaten gelegt.

Darüber etwas Oregano streuen, um dem Ganzen das echte Pizzaaroma zu verleihen, und zum Schluß hauchdünne Zwiebelringe darauflegen.

Den Käse darüberstreuen, die Pfanne mit einem Deckel oder einem Teller zudecken und die Pizza in ungefähr 20 Minuten auf sehr kleiner Flamme gar und knusprig werden lassen.

Direkt von der Pfanne auf den Teller schieben.

Käsetoast

2 Scheiben Brot / 1 dicke Scheibe Käse nach Wahl / Butter oder Margarine zum Bestreichen und Backen

Die Brotscheiben auf einer Seite mit Butter bestreichen, den Käse auf eine Scheibe legen und die andere Scheibe mit der bestrichenen Seite auf den Käse legen. Die überstehenden Käseränder abschneiden.

Etwas Butter in die Pfanne geben und das Butterbrot hineinlegen. Die Unterseite auf kleiner Flamme langsam braun werden lassen.

Den Toast umkehren, wieder etwas Butter in die Pfanne geben, die andere Seite knusprig braun werden und den Käse schmelzen lassen.

Den Toast sofort auf den Teller legen und essen.

Pfannkuchen aus Brotresten

2 Scheiben Brot / 100 ml Milch / 1 kleines Ei / etwas Honig / etwas Zimt / etwas geriebene Zitronenschale / Butter oder Margarine zum Backen

Die Krusten von den Brotscheiben abschneiden und für die Herstellung von Paniermehl aufbewahren. Die Milch mit Honig, geriebener Zitronenschale und etwas Zimt zum Kochen bringen und die in kleine Würfel geschnittenen Brotscheiben dazugeben. Alles sorgfältig feinstampfen und den Topf vom Feuer nehmen.

Nachdem die Masse abgekühlt ist, das verquirlte Ei unterrühren.

Alles gründlich vermischen. Etwas Butter in einer Pfanne erhitzen und die Hälfte des Teigs hineingießen. Die Unterseite langsam gar und braun werden lassen. Dann den Pfannkuchen umkehren und die andere Seite backen.

Man kann auch auf einmal einen sehr dicken Pfannkuchen aus diesem Teig backen. Er muß dann aber auf sehr kleiner Flamme backen, so daß auch das Innere gut gar wird. Das Rezept läßt sich durch Hinzufügen von Rosinen oder Korinthen oder durch Unterrühren eines feingeschnittenen Apfels und Zimt variieren.

Eine andere Möglichkeit besteht darin, den Pfannkuchen nach dem Backen mit einer dünnen Schicht Marmelade, z.B. Aprikosen- oder Hagebuttenmarmelade, zu bestreichen.

Nachspeisen

Die gesündeste Nachspeise ist frisches Obst.

Aber ab und zu hat man auch Appetit auf etwas anderes, und nach einer Suppe beispielsweise kann man gut noch eine nahrhafte Nachspeise vertragen. Aus diesem Grund folgen nun einige solcher Rezepte:

Pfannkuchen

50 g Mehl (ungefähr 1/2 Tasse) / 1/2 Ei / 100 ml Milch / 1 EL Rosinen / 1 EL feingeschnitzelter Apfel / Butter oder Margarine zum Backen

Das Ei mit etwas Milch verquirlen, dann abwechselnd einen Teil Mehl und wieder etwas Milch hinzufügen, bis ein schöner glatter Teig ohne Klumpen entsteht. Die Rosinen und den Apfel unterrühren.

Etwas Butter in einer Pfanne erhitzen, eine Schicht Teig hineinlaufen lassen und den Pfannkuchen wenden, sobald seine Oberseite völlig trocken ist. Den Pfannkuchen auf keinen Fall auf zu großer Flamme backen, sonst könnte die eine Seite zu braun werden.

Den Pfannkuchen auf einen Teller legen und warmhalten (z.B. in einer feuerfesten Schale auf einem Stövchen) und den nächsten Pfannkuchen backen. Je nach Größe der Pfanne ergibt die angegebene Menge zwei oder drei Pfannkuchen. Als Nachspeise nach einer dicken Suppe essen.

Plinsen

50 g Mehl / 1 Ei / 150 ml Milch / Marmelade / Butter zum Backen

Einen sämigen, glatten Teig herstellen, indem man zuerst das Ei mit der Milch verrührt und anschließend unter ständigem Umrühren mit dem Schneebesen das Mehl hinzufügt. Dieser Teig ist dünner als gewöhnlicher Pfannkuchenteig. Sehr wenig Butter in der Pfanne erhitzen und so wenig Teig hineingießen, daß der Pfannenboden gerade bedeckt ist; währenddessen die Pfanne schwenken, damit der Teig sich verteilen kann. Wenn der Teig trocken ist, die Plinse backen. Mit einer leckeren Marmelade, z.B. Hagebuttenmarmelade, bestreichen, solange er noch warm ist. Die Plinse zusammenrollen und warmhalten und die nächste backen, bis der Teig verarbeitet ist.

Die Plinsen als Nachspeise zu einer Suppe servieren.

Quark mit Ingwer

80 g Quark / 1 Ingwerstück, kandiert / 1/2 EL Ingwerflüssigkeit

Den Quark mit der Ingwerflüssigkeit verrühren und das feingehackte Ingwerstück darunterrühren. Alles in ein Schälchen geben und als Nachspeise beispielsweise zu einem Stampfkartoffelgericht essen.

Quark mit Banane und Apfelsine

1/2 Apfelsine / 1/2 Banane / 80 g Quark / eventuell etwas Honig

Den Quark mit dem Saft einer halben Apfelsine verrühren, eventuell mit etwas Zucker oder Honig abschmecken und die in feine Scheiben geschnittene halbe Banane darunterrühren.

Quark mit Fruchtgelee

80 g Quark / 1 EL Milch / 3 EL Fruchtgelee oder -marmelade

Den Quark mit der Milch verrühren und anschließend nach Wunsch Marmelade oder Gelee unterrühren.

Quark mit frischem Obst

80 g Quark / 100 g Obst der Jahreszeit, z.B. Johannisbeeren, Brombeeren oder Heidelbeeren / Honig / 1 EL Milch

Den Quark mit der Milch verrühren, eventuell mit etwas Honig abschmecken und am Schluß sehr vorsichtig das gewaschene und abgetropfte Obst darunterheben.

Joghurt mit Obstmarmelade

100 g Joghurt / 3 EL Marmelade nach Wahl

Den Joghurt mit der Marmelade verrühren und in einem Schälchen servieren.

Joghurt mit Nüssen

100 g Joghurt / etwas Honig / 1 EL gehackte Nüsse / 1 ganze Nuß / 1 TL Zitronensaft

Die Zutaten mit Ausnahme der ganzen Nuß vermengen. Die Masse in ein Schälchen geben und die ganze Nuß als Garnierung daraufsetzen.

Rezeptindex

Andere Bücher aus dem pala-verlag

U. Rabe: **Man nehme Keime**
12,80 DM, ISBN: 3-923176-57-0

U. Rabe: **Kochen mit Hafer**
12,80 DM, ISBN: 3-923176-81-3

W. Hertling: **Kochen mit Hirse**
12,80 DM, ISBN: 3-923176-50-3

P. Schwenk: **Buchweizen**
12,80 DM, ISBN: 3-923176-64-3

J. Grimm: **Brotaufstriche**
12,80 DM, ISBN: 3-923176-65-1

J. Grimm: **Vegetarisch grillen**
12,80 DM, ISBN: 3-923176-80-5

Olesen: **Das Kohlkochbuch**
9,80 DM, ISBN: 3-923176-62-7

E. Szilinski: **Das Suppenbuch**
12,80 DM, ISBN: 3-923176-70-8

H. Walker: **Vollwertig kochen mit Pfiff - ohne tierisches Eiweiß**
19,80 DM, ISBN: 3-923176-74-0

H. Walker: **Vollwertig backen mit Pfiff - ohne tierisches Eiweiß**
19,80 DM, ISBN: 3-923176-79-1

B. Treichel: **Älter werden mit gesunder Ernährung**
24,80 DM, ISBN: 3-923176-96-1

Wagner: **Essen Trinken Gewinnen**
Vollwertige Sporternährung
24,80 DM, ISBN: 3-923176-75-9

pala-verlag • Postfach 11 11 22 • 64226 Darmstadt